PARA SIEMPRE

Guion para comedia romántica

Juan José Isac

PARA SIEMPRE

Guion para comedia romántica

© Obra: PARA SIEMPRE

Primera edición: Mayo, 2024

© Autor: JUAN JOSÉ ISAC

ISBN: 978-84-10040-57-1
Depósito Legal: M-13239-2024

© Editado por LIBER FACTORY www.liberfactory.com

Gestión, promoción y distribución: Grupo Editor Vision Net S.L.
C./ San Ildefonso 17, local, 28012 Madrid. España.
Tlf: 0034 91 3117696 // Email: pedidos@visionnet.es
www.visionnet-libros.com

Disponible en librerías físicas y online.

ÍNDICE

BREVÍSIMA GUIA PARA LEER
ESTE GUION

Amigo lector. Gracias por atreverte con este guion. Si ya has tenido ocasión de leer algún guion o incluso te has atrevido con alguno de mis tres o cuatro guiones anteriores, entonces olvídate de esta brevísima guía y entra directamente en la historia. Pero si ésta es la primera vez que te enfrentas a un guion escrito, creo que hay unas cuantas cosas que te facilitarán un poco su lectura.

Lo primero es que formalmente verás un texto algo áspero, esquemático, conciso, muy de ir al grano. Son las formas estándar que le exigirán al guion todos los que en el mundo del cine tienen algo que decir acerca de su aceptación o su rechazo: el tipo de letra, siempre Courier 12, los márgenes, los espacios, las tabulaciones, todo debe ir específicamente así y de ningún otro modo, so pena de saltarse las convenciones y demostrar que se es un guionista bisoño y de este modo cerrarse puertas que de por sí nunca han estado muy abiertas.

De este modo verás que todas las escenas vienen sistemáticamente precedidas por un renglón donde con letras mayúsculas se explican tres y solo tres cosas: una, si la escena es en interior o exterior; dos, una brevísima descripción del lugar donde se desarrolla (piso pequeño, garito bullicioso, calle concurrida, una oficina, parque, bolera, etc..,) y tres: si es de día o de noche. Nada más. Esto se repite sistemáticamente en todas las escenas de la primera a la última.

A esto le sigue una breve descripción del modo en que se desarrolla la acción. Breve y esquemática, de pocas líneas, donde solo cabe la descripción de lo que vemos en pantalla, nunca las interioridades de los personajes. Así, cabe decir, por ejemplo, que "Fulano, con los ojos inyectados en odio, avanza hacia Laura..." pero nunca diremos que "Fulano está pensando lo feliz que fue con Laura ayer", porque eso no puede mostrarse en pantalla. Solo cabe describir el modo en que se desarrolla la acción. El cuento y la novela admiten muchos matices y pormenores para describir emociones y sentimientos, pero en el guion solo se escribe lo que va a verse en pantalla, bien que los buenos guionistas saben utilizar un lenguaje conciso pero sugerente y vigoroso para captar la emoción y la tensión en estas pocas líneas explicativas. Estas breves descripciones de la acción se intercalan con los diálogos a lo largo de la escena. Los puntos y aparte en estas líneas descriptivas suelen significar cambios de planos. Luego el director lo respetará o no.

A continuación, los diálogos van encabezados con el nombre de quien habla en mayúscula y en el centro del renglón, seguido opcionalmente en el siguiente renglón de una escueta descripción de alguna circunstancia que quepa reseñar de cómo lo habla: enfadado, exhausto, receloso, sin mirarle, susurrante, alejándose, etc..,

Luego viene el texto del diálogo, en tan estrechos márgenes que parecen versos. Nuevamente los diálogos se presentan constreñidos y de corrido, de una tacada, sin puntos y aparte, aunque luego los actores y actrices les darán el relieve oportuno declamándolos despacio o deprisa, con énfasis o susurrando, acompañándolos de gestos y matices conforme la situación lo requiera a criterio de director y sobre todo de actores y actrices, que pueden ceñirse a la estricta idea expuesta por el guionista o bien poniendo de su cosecha, muchas veces con brillantes resultados no contemplados por el guionista, véase Marlon Brando. El guion es algo cooperativo y solidario, aunque el pistoletazo de salida lo dé siempre el guionista.

Verás que tampoco hay en el guion lugar para descripción de paisajes, vuelos nocturnos sobre Manhattan, monos acicalándose, ni músicas de ningún tipo, incidentales o de banda sonora, porque todo esto se incorporará después en la película a criterio del director y del equipo artístico. El guion es conciso, sobrio, va al grano, y aunque contiene toda la historia, su acción y sus diálogos, su emoción y pasión implícitas, lo hace como esos colchones que el colchonero trae a casa bajo el brazo y que luego hay que dejar reposar para que ganen volumen y consistencia. O esos chuletones envasados al vacío que tienen todas las propiedades de la excelente carne pero que hay que cocinar acompañándolos de salsas y especias para degustarlos como merecen y sea reconocida la calidad del producto. Espero que éste la tenga o al menos que así te lo parezca, En definitiva, que te entretenga y pases un buen rato leyéndolo. Solo te pido el pequeño esfuerzo de imaginarte la película.

Gracias por intentarlo.

PARA SIEMPRE
Guion para comedia romántica

Sinopsis de **PARA SIEMPRE**:

Pablo y Belén, jóvenes y enamorados,
celebran una cena en casa con los
compañeros de trabajo de Pablo para
intentar que Charo, la amiga borde
y seca de Belén, consiga ligar con
alguno de ellos. Pero las cosas no
irán como ellos se imaginan...

ESCENA 1
EXTERIOR. UN PARQUE DE LA CIUDAD-
TARDE SOLEADA

Parque de ciudad, tarde soleada y
apacible. De fondo suena "Dont Panic"
de Colplay, album "Parachutes".

En el estanque se desliza un par de
cisnes. Un perro juega a perseguir
palomas. La mujer pasea la cuna. Dos
enamorados pasean despacio cogidos
de la mano. Un niño juega a acumular
ramitas que recoge de la hierba.

PABLO y BELÉN están sentados en el
banco de un parque, de espaldas a
la pantalla, en un plano medio en
el centro de la imagen. En ningún
momento de esta escena les vemos las
caras.

PABLO Y BELÉN están mirando al
frente, hombros relajados. Por la
derecha de la pantalla entra un
sacerdote en bicicleta que circula
despacio por el sendero que está
delante de ellos, a una distancia
como de veinte metros, atravesando
así la pantalla de derecha a
izquierda.

Cuando el cura ciclista va a
desaparecer por el lado izquierdo,
se cae de la bicicleta, aunque va

muy despacio y apenas toca el suelo. Se levanta, sube a la bicicleta y sale de pantalla por la izquierda. Aunque a Pablo y Belén solo les vemos la nuca, es de suponer que le hayan estado mirando en el momento de caerse, pero sin girarse apenas, dada la distancia.

Cuando el ciclista desaparece, Pablo y Belén siguen mirando al frente. Llevan auriculares conectados a un mismo móvil, estarán escuchando la canción que suena de fondo.

Belén, a la izquierda, inclina la cabeza y la reposa en el hombro de Pablo. Un par de segundos después, Pablo hace lo mismo e inclina la cabeza sobre la cabeza de Belén.

CORTE A NEGRO. APARECE EL RÓTULO DE LA PELICULA: En fondo negro, letras blancas:

PARA SIEMPRE

ESCENA 2
EXTERIOR. A LA SALIDA DE UN SUPERMERCADO — DÍA

A la salida de un supermercado, en plano general, una figura menuda y rubia sale con dos grandes y pesadas bolsas de compra en cada mano. Es Belén, que avanza con dificultad con la pesada carga. Belén tiene unos veintiocho años, es rubia, agradable, uno sesenta de altura, atractiva sin exagerar, aspecto de buena gente, la persona a quien una madre confiaría el bebé para irse a una despedida de soltera. Se parece mucho a Zoe Kazan. En dos de las cuatro bolsas que lleva Belén con cierta dificultad sobresalen sendos ramos de flores, en un equilibrio precario.

Un coche entra por la derecha y se detiene en medio de la pantalla, quedando en primer plano.

Del vehículo se baja Pablo, treinta años, algo más alto que Belén, un tipo con aspecto de buena gente, siempre con la sonrisa en la boca y la mirada baja, como el que no necesita mirar mucho las cosas para saber de qué tratan, un tipo al que le dejaríamos la cartera en una playa para que nos la vigile mientras vamos al agua. Se parece mucho al Gorka Otxoa de Pagafantas.

Pablo sale presuroso del coche y se acerca a Belén con intención de ayudarla.

Pero Belén rechaza la ayuda.

BELÉN
¡No! ¡No! ¡Tu hernia, Pablo!
Ya puedo yo sola…

Pero Pablo no se detiene y avanza
hasta ella.

PABLO
De ninguna manera, Belén. Yo
soy un caballero…

Pablo se acerca y echa mano a las
bolsas,pero solo para sacar de ellas
los dos ramos de flores, con los
cuales se dirige hacia el coche.

BELÉN
(Abre la boca con sorpresa y
divertido enojo)
Muchas gracias, Pablo. ¿Crees
que podrás tú solo?
¿Quieres que consiga un
repartidor para que te ayude?

PABLO
No, está bien, creo que podré
solo. Tengo el coche cerca.
(Volviéndose a Belén) Pero si
quieres que te ayude con más
cosas, hoy me duele menos.
Casi seguro de que no me va a
dar el tirón.

BELÉN
No. Tira. Haz caso al médico
por una vez en tu vida. Nada

de esfuerzos. Te necesito en
perfecto estado para poner
la mesa esta noche. Una gran
responsabilidad en la que
tienes que sacar lo mejor de
ti. Tu futuro laboral depende
de ello. ¿No es eso?

PABLO
Exacto. Jamás un Ragú alla
boloñesa con salteado de
boletus resultará tan
determinante en el porvenir
de una persona.

Mientras hablan están colocando las
bolsas en el maletero del coche, un
Seat Ibiza o similar, no muy limpio
y con algunas rozaduras y abollones.
Están colocando es un decir, porque
solo es Belén quien está levantando
las bolsas con esfuerzo y ordenándolas
en el maletero. Pablo está cruzado
de brazos, supervisando la operación.
De vez en cuando señala un punto del
maletero donde iría mejor una bolsa.

BELÉN
Oye, ¿ese médico no era amigo
tuyo...?

PABLO
¿Amigo? Para nada. Un
completo desconocido.
¿Te acordaste del vino?

                    BELÉN
                     Sí.

                    PABLO
                  ¿Cuánto?

                    BELÉN
            Seis botellas. Crianza.

                    PABLO
                  Ribera...

                    BELÉN
                  Ribera.

                    PABLO
          (Advirtiendo con el dedo)
              Nada de Rioja...

                    BELÉN
              Nada de Rioja.

                    PABLO
            Nos jugamos mucho...

                    BELÉN
          Ocho euros la botellita.
         Espero que sepan apreciarlo.

Belén cierra el capó y coge las
llaves del coche, sentándose en el
asiento del conductor. Se colocan los
cinturones antes de arrancar.

                    PABLO
          Guzmán y Charli me dan igual.
          Como si brindan con gaseosa.

Quien nos importa es Andrés.
¿Helados?

BELÉN
Tarta al whisky, tarta de
limón, minicrocantis. De
palo.

PABLO
¿Bombones?

BELÉN
Bombones.

PABLO
¿De licor?

BELÉN
No. Caja roja. Estaban en
oferta. Una grande. Oye,
¿seguro que tu jefe no se
presentará con su mujer?

PABLO
Si es oferta, vale. No. No
tiene. Tenía, el pobre, pero
ya no.

BELÉN
¿Viudo?

PABLO
No. Mujeriego pillado.
¿Zanahoritas para rallar?

BELÉN

Zanahoritas para rallar, pero
las rallas tú. Oye, tu jefe
no será vegetariano...

PABLO

¿Vegetariano Andrés? Un
carnívoro de libro. Todo tipo
de carnes, ya me entiendes...

BELÉN

¿Y si viene con alguien? ¿Y
si se trae a una amiguita?

PABLO

Para nada. No va a llevarse
el ligue a una cena con
empleados. Es un tipo con
clase. Antes la llevaría a
emborrachar a algún tugurio.
¿Almendras y saladitos?

BELÉN

Almendras y saladitos. ¿Y
tus compas, no vendrán con
alguien?

PABLO

No. Saben lo que gano. Y
saben que tengo un piso
pequeño. Tu amiga Paula tiene
el terreno despejado, aunque
no sé para qué lo quiere.

BELÉN

No empecemos con Paula.

PABLO
¿Champán?

BELÉN
(Dándose una palmada en la
frente)
¡El champán!

Belén se desabrocha el cinturón y
sale del coche apresuradamente. A
medio camino entre el coche y el
súper se detiene y vuelve corriendo
hasta Pablo, que baja la ventanilla
con gesto de fingido fastidio.

BELÉN
¿Qué marca?

PABLO
Diez euros. Doce a lo mucho.

Belén entra corriendo en el súper.
Pablo mueve la cabeza y cierra los
ojos, como diciendo "Tengo yo que
estar en todo". Antes de que Belén
entre en el súper, le grita:

PABLO
¡Nada de semi! Se darían
cuenta. Brut. Solo brut. En
mi empresa la gente es muy
viajada.

En ese momento se acerca una policía
municipal que, sin decir nada y
golpeando con el bolígrafo una

libretita, le hace ver que el coche no puede estar ahí. Pablo la mira cohibido.

ESCENA 3
INTERIOR. CASA DE PABLO Y BELÉN – MEDIODÍA

En casa de Pablo y Belén. Un salón con muebles antiguos, de casa antigua. Pablo está colocando la mesa para la cena. Ya ha puesto el mantel y los platos. Ahora coloca las copas con mucho cuidado, mientras habla con Belén, gritando un poco porque ella está en la cocina. En ningún momento Pablo deja de colocar cubiertos y detalles sobre el mantel mientras habla.

> BELÉN
> Pablo...

> PABLO
> ¿Qué?

> BELÉN
> ¿Seguro que tu jefe no se presentará con una amiguita?

> PABLO
> Esperemos que no. Quiero que se fije solo en ti. Confío en tus encantos para seguir escalando posiciones   en

la empresa. Ya sabes que
necesitamos otro coche.

BELÉN
Con mis encantos te refieres a
mi ragút...

PABLO
Eso también.

BELÉN
Gracias por la confianza.
Espero estar a la altura.
¿Seguro que tus compañeros
vienen también solos?

PABLO
Guzmán y Charly. Sí, pero
a esos no tienes que
ganártelos. Solo tienes que
trabajarte al jefe.

BELÉN
Vale. Lo digo por Paula...

PABLO
¿Qué pasa con Paula?

BELÉN
Que es una buena oportunidad
para que conozca gente.
Ya sabes que Paula no es
demasiado sociable.

PABLO
¿Demasiado sociable? Eso es como decir que Hitler no era demasiado pacifista...

BELÉN
Pablo, no empieces. ¿Qué tal si sentamos a Paula al lado de tu jefe?

PABLO
¿Paula al lado de Andrés?

BELÉN
Sí. ¿No dices que tu jefe es un mujeriego?

PABLO
Pues por eso.

BELÉN
¡Pablo!

PABLO
No. Al lado del jefe vas tú. No estoy seguro que el ragú a la boloñesa sea suficiente. Hay que amarrar.

BELÉN
Si quieres pedimos unas pizzas...

PABLO
No, tú estofado estará delicioso, seguro. Pero las letras del coche no se pagan solas.

BELÉN
Muy bien. ¿Podemos usar la
habitación pequeña?

PABLO
Ni hablar. Ahí nací yo. Sería
una falta de respeto. Usad la
nuestra. Hay que asegurar.

Mientras habla, Pablo ha sacado del
bolsillo una cajita azul con un
lazo amarillo y la coloca dentro
de un cajón del aparador, un mueble
antiguo como el resto del mobiliario,
debajo de unos manteles. Antes se ha
asegurado ladeando la cabeza de que
Belén no sale de la cocina.

BELÉN
Entonces pondremos a Paula
entre tus dos colegas. Que
elija. ¿Con cuál crees que se
llevará mejor?

PABLO
¿Con Paula? Bastante será
con que la noche acabe sin
heridos.

BELÉN
Pabloo...

PABLO
Mejor le iría con un policía
antidisturbios. Sería el
único que podría contenerla...

seguramente. Pero no
conocemos ninguno.

Belén sale de la cocina con gesto
resuelto y fingido enfado, esgrimiendo
una espumadera, que sacude amenazante
frente a la cara de Pablo. Lleva
un delantal y el pelo recogido con
horquillas. Cuando parece que va a
golpear con ella en la cabeza de
Pablo, le da en cambio un rápido
beso. Sin decir nada, se da la
vuelta. Lleva un pantalón corto de
pijama, que deja ver un roto a la
altura de la nalga.

PABLO
Tienes un agujero en el culo.

BELÉN
Y tú otro en el cerebro.
(Sale del comedor, pero
vuelve en seguida)

BELÉN
¿Puedo cambiar?

PABLO
Sí.

BELÉN
Vale. Dame la entrada.

PABLO
Tienes un agujero en el culo.

BELÉN
¡Como todo el mundo!

Belén se vuelve triunfante a la
cocina, con los brazos levantados y
contoneándose mucho, con los dedos en
V en señal de victoria.

En ese momento Pablo se lo piensa
mejor y saca la cajita azul del cajón
del aparador y la coloca detrás de
un pequeño portarretratos, que tiene
la foto de Belén y Pablo sonriendo
con gorros de nieve sentados en un
telesilla.

En el aparador hay también otra foto
antigua de un militar y una señora
vestida de novia, muy serios ante la
cámara. Hay otras fotos de Pablo y
Belén en distintas situaciones, pero
ninguna de boda.

ESCENA 4
INTERIOR. CASA DE PABLO Y BELÉN -
TARDE-NOCHE

La cámara enfoca el recibidor, ante
la puerta de entrada, justo en el
momento que llaman al timbre. Pablo
viene a abrir, ajustándose la camisa.

Pero antes de abrir, acerca el ojo a
la mirilla.

No abre, sino que se vuelve con
los ojos muy abiertos y gesto de
preocupación,caminando muy deprisa
pero casi de puntillas para no hacer
ruido.

Pablo entra en el comedor y retira
con prisas las dos botellas de vino
de la mesa, perfectamente engalanada,
en la que ya están los dos floreros
con las flores de las bolsas de la
compra.

                    PABLO
          (Gritando para que le oigan
                    fuera)
            ¡Va, va en seguida….!

Pablo se lleva apresuradamente las
botellas de vino a la cocina.

Ahora vemos que, de pie y detrás
de la mesa, está PAULA, una chica
de la edad de Belén, bajita y
morena, poco agraciada, peinado
moderno, un tanto extravagante, poco
favorecedor, que asiste a la escena
con gesto hosco y reprobatorio, los
brazos cruzados,imperturbable, sin
pronunciar palabra.

Pablo vuelve de la cocina igual de
presuroso, diciendo otra vez "Va, ya
va…" mientras vuelve a ajustarse el
cuello de la camisa.

Pablo abre la puerta. Andrés, el jefe, está ahí plantado con dos botellas de vino en la mano. De Rioja.

Al lado de Andrés están los dos compañeros de trabajo de Pablo: Charly y Guzmán.

PABLO
Anda, ¿venís juntos...?

ANDRÉS, EL JEFE
Nos hemos encontrado en el portal.

Andrés, el jefe, 45 años, delgado, moreno, peinado hacia atrás. Su mirada es aparentemente cordial, pero un punto inquietante, viva y escrutadora. Se parece mucho a José Coronado.

PABLO
Pasad, pasad. Perdón por lo del ascensor.

ANDRÉS
¿Qué ascensor?

PABLO
Exacto. Pasad. Hola Guzmán, Hola Charly.

ANDRÉS
Me he permitido traer un par

de excelentes Rioja. Espero
no haber...

PABLO
No, para nada, Andrés.
Excelente. Un detalle
estupendo. Muchas gracias.

ANDRÉS
Ya sé que para los esnobs
de nuevo cuño la moda es el
Rivera o el Somontano, y que
el Rioja es cosa de antiguos,
pero a todos esos modernos
les daba yo a probar un par
de copas de éstas, para que
siguieran haciéndose los
enterados. Bueno, espero
no haberme pasado. Igual ya
teníais pensado el vino...

PABLO
No, qué va. Bueno no sé,
alguna botella, no sé de
dónde, Belén es la que se
encarga, en esto yo no... ah,
mira, ya está aquí Belén.
Belén, te presento a Andrés,
mi jefe.

ANDRÉS
Hola, Belén. Encantado.

BELÉN
Igualmente.

(Se saludan con dos besos)

PABLO
Guzmán, Charly, Belén.

(Más besos de cortesía)

PABLO
Ah, ésta es Paula, una amiga.

Paula extiende la mano a Andrés,
sin cambiar el gesto hosco, lo que
le deja un poco cortado porque ya
se acercaba a besarla. Guzmán y
Charly ya están percatados y por eso
extienden la mano a cierta distancia.

ANDRÉS
Qué mesa más bien puesta. Y
qué bien decorada. Las flores,
preciosas.

PABLO
Pues lo que va a salir en
seguida de la cocina, más
precioso todavía.

(Tímidas risas de compromiso)

PABLO
Faltan por venir Chus y
Javier, otros amigos, que
estarán al caer. Vamos a
tomar algo mientras. Qué
os pongo, cerveza, vermut,
cubatita...

ANDRÉS
Pues yo abriría un Rioja de
los que he traído, vamos, si
no os parece mal…

PABLO
Excelente idea. ¿Y vosotros?

GUZMÁN
Lo mismo.

CHARLY
Siempre lo que diga el jefe.

PABLO
Voy a por copas. ¿Paula?

PAULA
(Con sequedad)
Nada. Gracias.

La cámara avanza sobrepasando a
los personajes y enfoca la mesa
engalanada, acercándose hasta uno
de los jarrones con flores, donde se
detiene un momento. Acaba fija sobre
dos platos juntos: uno de jamón y
otro de salchichón.

ESCENA 5
INT. MISMO SALÓN - MÁS TARDE

La cámara sigue situada en los dos
platos de jamón y salchichón donde
acabó la escena anterior, pero ahora

el plato de jamón está completamente
vacío. El de salchichón en cambio
permanece intacto.

Sobre la mesa, botellas de vino
vacías. Los platos tienen restos de
comida. La cámara retrocede más y
vemos a todos los comensales. Belén,
de frente al fondo, y Pablo en el
otro extremo de la mesa y más cercano
a la cámara.

Al lado de Belén está Andrés,
hablando animadamente, con la copa en
la mano. A la derecha de Andrés y al
lado izquierdo de la pantalla están
Guzmán y Charly, juntos, hablando
con Chuss y Javier, a los que tienen
enfrente al otro lado de la mesa.

Paula está al lado de Belén, seria,
mirando a todos pero sin hablar con
nadie. Bebe de su vaso de agua.

ANDRÉS
Tenéis una casa preciosa.
Antigua, pero bien
distribuida.
Muy acogedora. Se perdonan
los cinco pisos.

PABLO
No hay porteros ni vecinos,
como en el tango. El edificio
se cae de viejo, pero la

ubicación es cojonuda,
prácticamente al lado del
Palacio de Oriente. A veces
nos confundimos y sin darnos
cuenta enfilamos camino al
Palacio.

ANDRÉS
Y entráis, claro...

PABLO
Acabamos dándonos cuenta. Por
algún detalle.

(Leves risas)

GUZMÁN
¿No hay porteros ni vecinos?

PABLO
Sí, pero muy pocos, mayores.
En esta planta ninguno,
porque solo hay un piso,
el nuestro. Bueno, de mis
padres, que me lo dejaron
cuando se fueron al pueblo.
Pero abajo ya hay varios
vacíos, si te digo la verdad
no sé bien cuáles. (Da un
sorbo a la copa) Lo que
tengo claro es que portero no
tenemos. Creo.

Andrés golpea varias veces la copa
con una cucharilla y se levanta con
la copa en la mano.

ANDRÉS
Por una magnífica cena, y por
una magnífica cocinera.

PABLO
Y por la compañía.

(Brindan)

ANDRÉS
Y además, ya metidos en
harina, yo también tengo algo
por lo que brindar. Ya sabéis
que estoy separado. No es
ningún secreto, porque sé que
circulan por ahí rumores sin
confirmar y leyendas urbanas
sobre mi vida licenciosa
(risas). Pero lo que no
sabéis es que Lidia y yo
estamos viéndonos otra vez
(exclamaciones) y es muy
posible que, si todo marcha
bien, volvamos muy pronto
a estar juntos de nuevo
(aplausos y vítores) Gracias.

Brindan. Cuando dejan las copas en la
mesa, la cámara se acerca a una de
ellas, todavía medio llena, y allí se
detiene.

En el siguiente plano, la copa ya
está vacía. El plano se abre y vemos
que algunos se han cambiado de

sitio. Andrés está ahora hablando con Javier, que se ha sentado a su derecha.

Charly está ahora sentado junto a Paula, en el asiento que ha dejado libre Javier, con un codo sobre la mesa, hablándole a Paula y mirándola con una exagerada sonrisa, mientras ella le observa tan seria como siempre, casi perpleja, con el vaso de agua en la mano, como diciendo: ¿Pero éste tío qué me está contando?

Belén y Chus están en la cocina, y Pablo y Guzmán están mirando atentamente un móvil que alguno de los dos ha puesto sobre el mantel.

Belén sale con unas tazas, y al ver a Paula y Charly juntos, mira a Pablo con cara de complicidad. Como Belén está detrás de todos ellos, que no la ven, hace el gesto de mirar a Paula y luego a Andrés, como diciéndole a Pablo que Paula tenía que estar sentada al lado de su jefe, y luego se vuelve a la cocina con fingido disgusto, negando con la cabeza y levantando mucho la cabeza. Pablo sonríe divertido y se vuelve al móvil.

PABLO
(A Guzmán, en tono
confidencial)
Si Charly saca algo de esa
tía, os invito al mejor
restaurante de Madrid. No os
hagáis ilusiones. No pierdo.
Apuesta segura. Mírala. Es
como cavar una zanja con una
cuchara sopera.

GUZMÁN
¿No es tu amiga?

PABLO
De Belén. Amigas desde niñas.
Yo lo más que puedo decir es
que no es mi enemiga. Pero a
veces me da miedo.

GUZMÁN
Pues Charly va lanzado.

PABLO
Eso es el champán.

GUZMÁN
Eso es las ganas de pillar.
Charly no bebe.

PABLO
Por eso. Solo con dosis
masivas de alcohol puede
nadie sensato arrimarse a ese
sargento de carabineros.

GUZMÁN

Míralo. Está desesperado.

Se quedan mirando a Paula y Charly
con curiosidad y la mirada un poco
perdida. La cara de Pablo delata que
también ha bebido lo suyo.

ESCENA 6
INT. MISMO LUGAR - UN POCO MÁS TARDE

Más botellas de cava descorchado
sobre la mesa. También hay botellas
de whisky y pacharán. Pablo se ha
quedado un poco adormilado con una
mano en la cara.

Guzmán le zarandea levemente. Con
la cabeza, señala las sillas donde
antes estaban Paula y Charly, ahora
vacías. Lanza a Pablo una mirada de
complicidad.

Paula y Charly no están, ni en sus
sillas ni en ninguna otra parte
del salón. Pablo y Guzmán se miran
divertidos. Pablo niega con la
cabeza. Guzmán por el contrario
afirma enfático. Pablo vuelve a negar
y Guzmán vuelve a afirmar. Pablo
mira ahora fijamente a Guzmán, como
diciendo: pues ya me haces dudar.

Pablo se lleva un dedo a la boca como reclamando silencio, y se levanta con cierta dificultad. Avanza unos pasos pero vuelve para coger el móvil, mientras le dedica a Guzmán otra mirada de inteligencia y el dedo en la boca.

Pablo sale con divertido sigilo del salón en dirección al pasillo, móvil en mano, como preparado a capturar algo interesante.

Pablo avanza despacio por el pasillo. Abre sigiloso la puerta de un dormitorio, pero en seguida la cierra después de mirar. Ahora entra en otro dormitorio y sale igualmente en seguida sin haberse cobrado pieza.

Sigue avanzando lentamente hasta la cocina.

Pablo entra en la cocina, móvil en mano a la altura de la cara, porque por si acaso ya está grabando.

La cara de Pablo pierde la sonrisa. En su lugar, va dibujándose en ella un gesto de sorpresa.

El gesto de sorpresa se transforma en dolor, en desconsuelo, casi terror.

La cocina es grande y en medio hay una mesa de buenas proporciones, llena de recipientes, tablas, botes, cuchillos...

Belén, en la esquina más alejada de la mesa, está bocabajo, con medio cuerpo encima de la mesa. Tiene el vestido bajado hasta la cintura, y las bragas por debajo de la rodilla.

Sus ojos están cerrados y su boca entreabierta. Su cuerpo se mece al compás de enérgicos vaivenes provocados por los empujones de Andrés, que está encima de ella.

Andrés tiene su boca muy cerca de la boca de Belén, jadeando también, con los pantalones bajados.

Las manos de Andrés se aprietan con fuerza contra los pechos desnudos de Belén, que se sujeta de las embestidas con las manos extendidas sobre la mesa.

Andrés la besa con lascivia, brusquedad y babas, en la mejilla, en el cuello, busca sus labios, moviéndose sobre ella cada vez más rápido. Pablo mira con terror.

Belén abre los ojos, vidriosos. Le cuesta fijar la vista.

Belén se da cuenta de que Pablo está allí, de que la está mirando, pero su mirada sigue turbia.

La mano de Andrés coge violentamente la cara de Belén y la vuelve con brusquedad contra sus labios, besándola con rudeza y buscando con su lengua babosa y frenética los recovecos de la boca de Belén, al tiempo que su cuerpo se estremece y, poco a poco,va dejando de empujar.

Belén también se estremece.

Cuando se libera de la mano de Andrés, repara con más atención en el rostro de Pablo, como si hasta ahora le hubiera mirado sin ver o no hubiera sido consciente de su presencia.

Baja la cabeza hasta dejarla sobre la mesa. Oculta su rostro bajo las manos.

Pablo está apoyado de espaldas a la pared. Poco a poco se deja caer, deslizándose hasta quedar sentado en el suelo.

La cámara ha bajado con Pablo y está ahora a su altura.

Entre la cámara y Pablo vemos las piernas presurosas de Andrés, que cruzan rápido la pantalla de derecha a izquierda mientras su voz susurra algo como "perdón, lo siento, perdón…".

Ruidos en el pasillo. Alguien se
ha asomado a la cocina y se ha
detenido en el umbral, alejándose a
continuación. La escena queda así
congelada durante unos instantes.

Pablo, sin sacar la cabeza de entre
sus manos, oye como Guzmán se le
acerca y susurra muy bajo.

GUZMÁN
(Susurrando)
Pablo... nosotros nos vamos.

Más ruidos y pasos fuera. Alguien
vuelve a acercarse y dice, también en
susurros.

-Nos vamos... adiós.

Ahora son las piernas de Paula las
que cruzan de izquierda a derecha la
pantalla, mientras la cámara sigue
fija sobre Pablo, que no ha cambiado
de postura, con la cabeza hundida y
escondida entre los brazos.

PAULA
¡Belén! ¿Qué has hecho,
gilipollas...?

BELÉN
(La cabeza entre las manos)
Vete. Por favor.

Tras unos segundos de duda, las piernas de Paula descruzan la pantalla de derecha a izquierda.

Al poco, un portazo.

Pablo está sentado en el suelo, sin moverse.

Tras unos segundos, Belén aparece por la derecha de la pantalla y se sienta al lado de Pablo, al que intenta abrazar.

                    BELÉN
            Pablo... por favor....

Pablo sigue cerrado, moviendo ligeramente los hombros como si estuviera llorando. Belén intenta abrazarle, también llorando, pero no hay manera que de Pablo saque la cabeza.

                    BELÉN
        Pablo... por favor... perdóname...
        perdóname... Pablo... Pablo... no
        sé... no sé lo que... Pablo, por
                    favor...

Belén se aferra a Pablo intentando que levante la cabeza. Le besa las manos, tira de ellas, intentando que Pablo saque la cara. Vuelve a besarle las manos.

                    BELÉN
              Pablo... Pablo...

Cuando le besa las manos por tercera
vez, Pablo se yergue y la mira
fijamente. Sus ojos están llenos de
lágrimas y odio.

Pablo le pega dos bofetones. Solo el
primero impacta en la cara de Belén,
porque al segundo ya se ha tapado la
cara.

Pablo sigue golpeando alocadamente
en los hombros de Belén, hasta que
la empuja y la hace caer. Vuelve a
ocultar la cara entre las manos.

Al poco, Belén vuelve a entrar en
pantalla e intenta abrazarle.

                    BELÉN
            Pablo... por favor... ha sido...
            Perdóname. Ha sido... no sé...
               Pablo...por favor.

Pablo se levanta del todo y grita sin
control. Belén se levanta también.

                    PABLO
               ¡Puta! ¿Qué has
              hecho? ¡Desgraciada!
           ¡Puta!¡Puta!¡Puta!¿Qué es lo
            que has hecho? ¡Has acabado
           con nosotros! ¡Has acabado con
            nosotros! ¡Grandísima puta...!

BELÉN
Pablo, por favor. No se ha
acabado nada. Yo... no sé lo
que ha pasado... pero... yo te
quiero, Pablo...

Pablo vuelve a perder el control y
le golpea los hombros y la cabeza,
porque Belén se ha vuelto a tapar la
cara y la protege con las manos...

Pablo se reclina contra la pared y se
deja caer nuevamente hasta sentarse
en el suelo. Ya no hunde la cabeza,
sino que la tiene inclinada a un lado
de la pared, con las manos relajadas
en el suelo.

PABLO
(Susurrando)
¿Qué has hecho...?

BELÉN
Pablo... perdóname...

Belén, al ver a Pablo tranquilo
y abierto, se recuesta sobre él,
abrazándole, y apoya la cabeza contra
su pecho.

BELÉN
Pablo...

Belén queda abrazada sobre Pablo. La
cámara se desplaza al reloj de la
cocina, que marca las doce y media.

ESCENA 7
MISMO LUGAR - MÁS TARDE

El mismo reloj de la cocina marca las dos y diez.

Pablo sigue en el mismo lugar, sentado en el suelo, con los ojos cerrados, dormido.

Belén está a su lado, también dormida, con un brazo sobre el pecho de Pablo, hasta dejar la mano descansada en su cuello. Belén abre los ojos, se da cuenta de donde está, y apoya la cabeza en el pecho de Pablo, con los ojos abiertos y tristes.

                    BELÉN
                 (Susurrando)
          Pablo… Pablo… vamos a la
                    cama.

Pablo, sin abrir los ojos, le aparta el brazo y sigue en la misma postura.

                    BELÉN
          Bueno… te espero en la cama.

El reloj marca las tres y media. Pablo sigue en el suelo, ahora tumbado. Belén aparece y le pone una manta.

ESCENA 8
HABITACIÓN OSCURA - MÁS TARDE

Belén está en la cama, de lado, recogida en posición fetal, vestida aún, con los ojos bien abiertos, hasta que los cierra con fuerza.

En la habitación entra algo de claridad. El reloj fluorescente de la mesita marca las siete. Belén se incorpora y se da la vuelta. Comprueba que Pablo no está en la cama. Se vuelve a acostar en la misma posición, ahora con los ojos bien abiertos.

ESCENA 9
INTERIOR. OFICINA - DÍA

Belén está en la oficina, con auriculares puestos, mirando la pantalla del ordenador y escribiendo simultáneamente en el teclado. Lleva gafas.

En la pantalla del ordenador aparecen varias personas hablando en alemán. Cada poco, Belén detiene la imagen con el ratón y teclea.

En un momento dado se quita los auriculares y las gafas, y pasa las manos por la cara. Las manos se quedan tapándole la boca y su mirada queda perdida en un punto de la mesa, en un marco con una fotografía pequeña de Belén y Pablo con las caras muy pegadas y sonrientes, como hechas en un fotomatón.

COMPAÑERA
¿Qué tal la cena?

Una compañera se ha acercado a su mesa. Belén levanta la cabeza, sorprendida.

BELÉN
Bien...

COMPAÑERA
(Extrañada)
¿Estás bien...?

BELÉN
Sí.
(Vuelve a ponerse los auriculares).

COMPAÑERA
¿A las once...?

BELÉN
No... hoy no puedo. Tengo que recoger unos análisis.

COMPAÑERA
Vale. Pues nos vemos el lunes entonces. Buen finde.

BELÉN
Igualmente, buen finde.

ESCENA 10
INT. OFICINA LUMINOSA - DÍA

Charly y Guzmán están sentados en dos mesas juntas y enfrentadas, dándose la cara.

A la izquierda de la pantalla, un despacho acristalado, con la puerta cerrada. A través de los cristales, Andrés habla por teléfono.

Guzmán y Charly están hablando entre ellos. Les vemos desde una posición ligeramente más baja que sus cabezas.

De pronto Guzmán, a la izquierda de la pantalla, levanta la vista y mira con sorpresa hacia el fondo de la oficina. Hace una seña con los ojos a Charly. Charly se vuelve brevemente. Mira su reloj y mira a Guzmán.

Guzmán y Charly bajan la vista y se concentran en sus ordenadores. Pero en seguida vuelven a levantarla para saludar a alguien que está fuera de la pantalla, a la derecha, detrás de Charly, que tiene que volverse para saludar. Un monosílabo. Sin decir más, se concentran en sus pantallas.

Al cabo de unos segundos, un cuerpo al que no vemos la cara cruza la pantalla de derecha a izquierda y entra en el despacho de Andrés, sin llamar. Guzmán y Charly se miran con suspicacia, pero en seguida vuelven a sus ordenadores.

Al cabo de unos segundos, Guzmán y Charly vuelven súbitamente sus miradas hacia el despacho. Guzmán se ha dado la vuelta y Charly, que estaba de frente, se limita a levantar el cuello, para intentar ver mejor lo que ocurre.

Despacio, se levantan, pero no se mueven del sitio. Siguen mirando hacia el despacho.

Al cabo de unos segundos, ahora sí, con gesto alarmado,se dirigen hacia el despacho, al principio despacio, luego decididamente deprisa. Ahora solo vemos las mesas vacías.

Al poco, atraviesa la pantalla muy deprisa un vigilante de seguridad. Dada la baja altura de la cámara, tampoco le vemos la cara, solo el uniforme.

Pasan varios segundos. Guzmán sale con el brazo enroscado sobre el cuello de Pablo, como dos buenos colegas de farra. En realidad tiene las manos unidas, para hacer más sujeción.

Pablo intenta desembarazarse del abrazo de Guzmán, pero éste le tiene bien aferrado. Charly sale detrás. Como ellos, atraviesa la pantalla y se pierden por la derecha.

Ahora sale el vigilante de seguridad, ya sin prisa, ajustándose la camisa y metiendo los faldones bajo los pantalones. Sale de escena por la derecha. Ya solo vemos las dos mesas vacías.

ESCENA 11
EXT. UNA CALLE DEL CENTRO DE MADRID – TARDE

Belén camina por la calle. Primer plano de Belén con la cabeza baja, mirando al suelo y reflexionando. De fondo suena la música de "Angel" de Massive Attack.

Belén camina por la parte vieja de Madrid. A ambos lados de la calle peatonal, varias mujeres están paradas en los portales o paseando muy despacio.

Belén las mira con la cabeza baja, preocupada, como si de alguna manera las relacionara con lo que sucedió anoche. Su gesto es serio, agobiado, casi de dolor.

Belén camina con la cabeza baja y
mirando de reojo a las mujeres que
esperan en el portal o paseando con
mano a la cintura y gesto insinuante.
Los planos enfrentados son cada vez
más cortos.

Belén casi tropieza con dos tipos
cincuentones un poco borrachos que
le sonríen con malicia. Les esquiva,
casi corre. La música de "Ángel"
suena más alta.

Belén se detiene de pronto ante el
escaparate de una tienda "Gourmet":
embutidos, quesos, latas de productos
finos y demás delicatesen adornan
primorosamente el escaparate. Es un
alivio contemplar ahora un lugar
tan limpio, tan ordenado y bien
presentado. Belén se calma viendo el
impecable escaparate.

ESCENA 12
INT. DESCANSILLO DE ESCALERA INTERIOR
– TARDE-NOCHE

Rellano antiguo. Puerta de entrada al
piso de Pablo y Belén. A la izquierda
de la puerta están los escalones de
madera que suben a la planta. A la
derecha de la puerta, un ventanuco
por donde entra la claridad de la

calle. No hay más escaleras, es el
quinto y último piso, sin ascensor.

Belén sube despacio las escaleras.
En una mano lleva una bolsa elegante
y dorada de la tienda gourmet. En la
otra mano sostiene un paquete del
tamaño de un libro envuelto en papel
de regalo.

Belén ya ha subido el último escalón.
Se detiene. Cierra los ojos. Suspira
profundamente. Se acerca a la puerta.
Saca las llaves del bolso y abre.

Pero no lo consigue. Belén dedica un
buen rato a intentar abrir la puerta.
Saca la llave de la cerradura y la
observa. Vuelve a introducirla en la
cerradura. Sigue sin poder abrir.

Saca la llave, se agacha un poco
hacia la cerradura y pasa la mano
suavemente por ella. Plano detalle
de la cerradura. Es una cerradura
nueva, reluciente. Belén se queda
petrificada.

Belén ha estado todo este tiempo
dando la espalda a la cámara. Ahora
se vuelve despacio, su rostro
atenazado por el miedo. Lentamente,
se vuelve del todo, y su mirada
temerosa se detiene en un ángulo del
rellano, que queda fuera de la cámara

a la derecha de la pantalla. Mira con sorpresa y miedo algo que acaba de ver en ese rincón del rellano.

En el ángulo del rincón hay una caja de cartón grande. Belén se acerca a ella, muy despacio, con el rostro desencajado.

De la caja entreabierta sobresalen prendas y algún bolso, como rellenada con descuido.

Belén deja la bolsa gourmet y el paquete en el suelo. Se sienta en él, agacha la cabeza y la esconde entre las manos.

ESCENA 13
INTERIOR. MISMO LUGAR - MÁS TARDE

El rellano tiene ahora menos luz, porque la bombilla está apagada y solo entra el que procede de la ventana. Belén sigue sentada en el suelo, con las manos en la barbilla, sujetándose la cara.

La luz de la escalera se enciende. Belén levanta la cabeza hacia la bombilla. Se levanta de un respingo, tensa, expectante, mirando con aprensión las escaleras.

Pisadas cercanas.

Pablo surge de las escaleras. Al ver a Belén, se detiene a medio tramo. Finalmente avanza, con la cabeza baja. Sin mirarla, como si no estuviera, abre la puerta del piso.

BELÉN
Pablo...

Pablo se gira, pero sin darse la vuelta del todo.

BELÉN
Pablo... ¿qué está pasando...?

PABLO
(Sin mirarla)
Mañana sacaré otra caja. O dos. Las que sean. Si cuando vuelva siguen ahí, las llevo al contenedor.

Pablo entra en el piso y cierra la puerta. Belén queda mirando, sobrecogida. En ese momento se apaga la luz de la escalera.

ESCENA 14
INTERIOR. CUARTO DE BAÑO

Primer plano de la taza del retrete de la casa de Pablo. La cámara está colocada baja, de tal modo que cuando Pablo se acerca a la taza y levanta la tapa, solo se le ven las piernas.

Ahora la cámara enfoca el retrete desde arriba, en posición cenital. Una cajita azul envuelta en lacito de regalo cae dentro. De la fuerza con la que ha sido arrojada, rebota en la cerámica y salta fuera.

Otra vez la cajita va al retrete. Ahora con menos fuerza, cae directamente al agua. Al tirar de la cadena, el agua la atrapa en sus remolinos y en seguida, tras muy poca resistencia, acaba desapareciendo.

ESCENA 15
INTERIOR. HABITACIÓN MUY OSCURA
-NOCHE

Oscuridad. Una mesita con un despertador de dígitos rojos. Belén está en la cama, de lado, muy arropada pero con la cabeza fuera y con los ojos bien abiertos.

Belén se levanta despacio, pero no sale de la cama, sino que se queda sentada en ella, con la cabeza baja.

ESCENA 16
INTERIOR. HABITACIÓN - LUZ DE MAÑANA

Pablo está tumbado en su cama, bocarriba, con los ojos bien abiertos, mirando al techo.

Imágenes de la calle. Gente pasando deprisa. Un barrendero vacía una papelera.

Pablo está ahora asomado al estrecho balcón de su casa, en pijama. Fuera suena un piano. Es el primer movimiento de las Variaciones Golbert. No suena muy bien. Lo está tocando un niño de unos diez años al que Pablo está mirando, tras la ventana del edificio de enfrente, muy cercano al balcón de Pablo, separados ambos edificios por un estrecho callejón.

Pablo apoya la frente en su mano y cierra los ojos.

ESCENA 17
INTERIOR. UNA COCINA - DÍA

Belén está sentada en la mesa de la cocina, vestida con un chándal que le viene pequeño. En la mano tiene una taza, de la que asoma una bolsita de té, pero no bebe,sino que se limita a mirarla fijamente.

Entra Paula. Sin mirar a Belén, se dirige al fogón, coge una taza y se sirve un café de la cafetera. Antes de sentarse junto a Belén, coge del aparador un bote con galletas que deja encima de la mesa. Belén levanta la vista y la mira a los ojos.

> BELÉN
> Gracias.

> PAULA
> ¿Qué tal has dormido?

> BELÉN
> (Con la mirada fija en la
> taza)
> Bien.

Paula da un largo sorbo a su taza sin dejar de mirar a Belén, escrutándola.

> PAULA
> Se le pasará.(Tocando la
> manga del chándal) Te sienta
> bien. Mejor que a mí.

Silencio. Paula, sin dejar de mirar a Belén, vuelve a la carga.

> PAULA
> Te quiere. Se le pasará. Dale
> dos días. Tres.

BELÉN
(Con la mirada en la taza)
Me ha borrado. Y me ha
bloqueado.

PAULA
¿Te ha bloqueado? Típico.

BELÉN
No coge el teléfono.

PAULA
(Después de unos segundos,
como reflexionando)
Tía ¡es que lo que has hecho
es muy fuerte!

BELÉN
¡Paula! por favor...

PAULA
Es que te has follado a su
jefe en la cocina, como la
Jessica Lange en aquella del
cartero...

BELÉN
Paula, por favor... No te rías...

PAULA
Vale, no me río. Es por quitar
hierro... ¿Y no hubierais
estado mejor en un hotel, un
motel de carretera...?

BELÉN
¡Paula!

PAULA
Vale, vale...

Paula se levanta, rodea la mesa y
abraza a Belén, que le devuelve con
fuerza el abrazo.

BELÉN
Estoy muerta de miedo.

PAULA
Te quiere. Ya verás. Dale
tiempo.

BELÉN
Soy una puta, Paula ¿Cómo he
podido hacerle eso?

PAULA
No eres una puta. Eres una
gilipollas. Y a él no le
has hecho nada. Te lo has
hecho a ti misma. Pero no te
preocupes. Si te quiere, te
perdonará. Y si no, pues que
le vayan dando mucho por el
culo.

BELÉN
¡Paula...!

PAULA
Tranquila. No he visto pareja
más pareja que vosotros.
Volverá. Pero si sois Romeo
y Julieta...

BELÉN
(abatida)
Julieta no le habría hecho
eso a Romeo.

PAULA
Ya lo creo que sí. A todas
horas. Lo que pasa es que
Cervantes era un tío muy
discreto y de esas cosas no
hablaba.

BELÉN
Shakespeare...

PAULA
Shakespeare tampoco. Mira lo
que te digo, Belén, algún día
os estaréis riendo de todo
esto.

Belén levanta los ojos con sorpresa.

PAULA
Bueno, reírse, lo que es
reírse a carcajadas, no. Él
desde luego no se va a reír.
Pero tú, seguro. Algún día.
Lejano, claro.

BELÉN
Creo que no.

PAULA
¿Que no te vas a reír?

BELÉN
Que no me va a perdonar.

PAULA
Sí que te perdona. Y si
no te perdona, pues...
pero te perdonará. Estoy
completamente segura.

BELÉN
¿Tú crees?

PAULA
Claro que sí. Segura al cien
por cien.

BELÉN
Ojala tengas razón. Necesito
creerte.

PAULA
Claro que lo hará. Os queréis
demasiado para que no lo
haga. Ponte en su lugar. ¿Tú
no lo harías?

BELÉN
¿Yo?

PAULA
Pues claro. Invitas a tu jefa
y a tus colegas del curro a
cenar. Vino, champán, risas...
Al rato te lo encuentras en
la cocina trajinándose a tu
jefa...

BELÉN
A Pablo...

PAULA
Sí, claro, a Pablo. (Bebe
un sorbo antes de seguir,
asintiendo con la cabeza).
Te encuentras a Pablo con su
querida polla dentro del culo
de tu jefa.

Belén se pone muy seria, concentrada,
imaginando la escena.

PAULA
Vino, champán, risas, buena
conversación... El chico tiene
un desliz y va y mete el
trasto donde no debe. Vale.
Un pronto. Un calentón.
Como el tuyo con su jefe.
Esas cosas pasan. Pero mira,
vuestro amor está por encima
de todas esas menudencias.
Completamente segura. Por
encima de todo eso. No
me digas que tú no se lo
acabarías perdonando.

BELÉN
(Tarda en contestar, como
imaginando la escena. De
pronto pone una mueca de
dolor y baja la cabeza hasta
descansarla sobre la mesa)

Paula pone cara de perplejidad, como diciendo: ¿Pero qué he dicho...?

Con calma, da otro profundo sorbo a su café.

ESCENA 18
INT. PUTICLUB - NOCHE

Pablo está acodado en una barra americana, sentado en un taburete y jugueteando con su bebida, un vaso de tubo largo.

Guzmán y Charly están a su lado, en idéntica postura, acodados en la barra. En el tugurio no hay mucha gente ni mucha animación. Música reguetón.

Cerca de ellos, una rubia platino no muy joven y con mucho escote está haciéndole arrumacos a un tipo con pinta de garrulo. Al fondo una morena esta "ligando" muy acaramelada con otro cliente.

Pablo no mira a sus compañeros al hablar. Mira al frente, se está mirando a sí mismo a través de un espejo al fondo de la barra. Habla como para sí mismo.

Ha bebido lo suyo. Los tres.
Conversación de borrachos. Hablan con
dificultad para pronunciar.

PABLO
Es una puta. Una auténtica
puta...

GUZMÁN
(Con la voz también
perjudicada)
Es una puta.

CHARLY
(También perjudicado)
Una auténtica puta...

Pablo se les queda mirando, como
sorprendido.

PABLO
(Hablando con dificultad)
¿Pero qué estáis diciendo?
¿Qué estáis diciendo,
mamones? Belén no es ninguna
puta.

GUZMÁN
Claro que no, Pablo. Belén no
es una puta.

CHARLY
Para nada, Pablo. Para nada
es una puta Marisol.

PABLO
(Después de un largo trago)
Belén. ¿Que no es una puta
Belén? ¡Claro que es una
puta! ¿Queréis ver cómo sí
que es una auténtica puta?

Con algún esfuerzo intenta sacar su
móvil del bolsillo. Cuando por fin lo
consigue, se lo pone cerca de la cara y
teclea algo en él, hasta dar con lo que
busca. Alarga el brazo para que lo vean.

PABLO
¿Es o no es una puta?

Guzmán y Charly se quedan mirando
la pantalla del móvil con mucha
atención durante unos cinco o seis
segundos. Las cabezas se les ladean
ligeramente.

GUZMÁN
Joder, tío…

CHARLY
Qué fuerte…

GUZMÁN
¿Cómo lo has hecho…?

PABLO
Eso no importa. ¿Es o no es
una puta…?

CHARLY
Hombre, visto así...

GUZMÁN
(Voz muy perjudicada)
Puede estar sacado de
contexto.

PABLO
No me seas gilipollas, que lo
he grabado yo.

GUZMÁN
¿No tienes más... grabado?

PABLO
No. No tengo más. Se me cayó
al suelo. Pero es suficiente
¿no? ¿O es que te parece
poco? ¿Es suficiente o no es
suficiente?

CHARLY
Suficiente.

GUZMÁN
(Con dificultad)
Suficientísimo.

PABLO
¿Y es o no es una puta?

GUZMÁN
Joder tío... es que es fuerte.
Además que mira a la cámara pero
pasa de ti como de la mierda... y
encima se pone a morrear.

CHARLY
Qué fuerte...

GUZMÁN
Pablo, ésta ya te la ha
jugado antes.

CHARLY
Pero qué fuerte...

GUZMÁN
Y si no te la ha jugado
antes, será por falta de
ocasión, que no de ganas.

CHARLY
Pásamelo.

GUZMÁN
Esa ya te la ha jugado antes.
Y si no lo ha hecho...

CHARLY
Pablo, pásamelo.

PABLO
No. No te lo paso. Esto no
sale de aquí.

CHARLY
Tío, pues cuélgalo. La
venganza perfecta.

GUZMÁN
No, Pablo. Eso sí que no. No
puedes colgarlo así como así.
Tienes que pedirle permiso.

PABLO
No. No voy a colgarlo.

CHARLY

¿Vas a pedirle permiso? (Se
ríe de su propia gracia)
Seguro que te dice que sí.

GUZMÁN

(Cogiéndole suavemente de
la solapa para llamar su
atención)
Pablo, no puedes colgarlo así
como así. Tienes que pedirle
permiso.

PABLO

Que no, que no lo cuelgo.
Esto no va a verlo nadie.

CHARLY

(También muy perjudicado)
Igual te dice que sí... Mira tú
que si te dice que sí...

GUZMÁN

(Otra vez de la solapa)
Pablo, no puedes colgarlo. No
sin su permiso.

PABLO

Que no, tío, que no lo
cuelgo. Esto no va a verlo
nadie.

CHARLY

Yo tenía una medio novieta,
una vez le hice una foto en
porreta viva, y le dije que

lo iba a subir. Al cabo de
los días, pásmate...¿sabes que
me llama para preguntarme que
por qué no la había colgado
todavía...?

GUZMÁN
(Insiste en cogerle de las
solapas)
Pablo, escúchame, Pablo, no
puedes colgarlo...

PABLO
Vale, tío, me has convencido.
Ya no lo cuelgo.

CHARLY
Oye, tú pregunta. (Ríe, se
encoge de hombros, habla como
para sí mismo) El no ya lo
llevas...

PABLO
(Otro largo trago)
¿Pero... es o no es una puta?

GUZMÁN
Claro que es una puta.

CHARLY
Una auténtica puta.

PABLO
(Después de mirar unos
segundos al frente, ahora les
mira oon sorpresa)¿Pero qué

coño estáis diciendo? ¡Belén
no es ninguna puta!

Pablo se baja del taburete y se
abalanza hacia Charly, sujetándole de
la camisa. Guzmán se interpone.

GUZMÁN
No, Pablo. Claro que no.

PABLO
(Tambaleándose)
¿Por qué decís que es una
puta? ¿Qué os importa a
vosotros? ¿Qué estoy haciendo
aquí?

CHARLY
Pablo, vas a echar un
polvazo. El polvazo de tu
vida. Un gran polvo por
venganza.

Pablo levanta más la voz. Está claro
que ha bebido lo suyo. Algunos
clientes se vuelven a mirarle.

PABLO
Yo no voy a echar ningún
polvo. ¿Entiendes? Yo no soy
ningún putero. El polvo de
mi vida ya lo he echado. Con
Belén ¿Vale? Y Belén no es
una puta. ¿Estamos?

GUZMÁN
Claro, Pablo.

PABLO
Belén no es ninguna puta.
¿Estamos? Belén es... es mi
mujer.

Saca la cartera. Deja un billete de
cincuenta sobre la barra y hace amago
de irse. Se lo piensa mejor y cambia
el billete de cincuenta por uno de
veinte.

PABLO
Lo mío.

Pablo se marcha. Guzmán y Charly se
le quedan mirando. Luego se miran
entre ellos.

CHARLY
Es una puta.

Y echa un trago.

ESCENA 19
INTERIOR. RELLANO FRENTE AL PISO DE
PABLO – NOCHE

Puerta de entrada al piso de Pablo,
en un ángulo del descansillo. Por la
izquierda sube Pablo, despacio, con
alguna dificultad.

Cuando sube el último peldaño, se da
cuenta de que Belén está allí, de
pie, entre el ventanuco y la puerta.

Quedan mirándose sin decirse nada.

De repente...

                    PABLO
                   ¡Puta!

                    BELÉN
              Pablo... por Dios...

                    PABLO
               ¡Eres una puta!

                    BELÉN
            Pablo, por favor. No me
            llames puta. Me he portado
            como una puta, pero no soy
                  una puta...

                    PABLO
            Me ves allí, mirándote, y
            sigues a tu rollo, como si
            nada, y encima te morreas,
            como si yo no estuviera...

                    BELÉN
                 No, Pablo...

                    PABLO
            Sí, Pablo. Te estaba dando
            por el culo y tú le estabas
                  besando...

Sus respuestas se entrecruzan, los
dos están gritando, hablan a la vez.

                    BELÉN
            No, Pablo, yo no le besé... fue
               él ...yo solo estaba...

PABLO
Tú solo estabas de puta madre
con su polla dentro de tu
culo.

BELÉN
(Tapándose la cara con las
manos)
Pablo...

PABLO
Te has follado a mi jefe,en
nuestra casa, delante de mí,
de todos...

BELÉN
No había nadie...

PABLO
Y te da lo mismo que yo
estuviera allí y que lo
viera...

BELÉN
No, Pablo...

PABLO
Sí, Pablo. Delante de mí te
estabas morreando con ese
hijo de puta desgraciado, con
ese orangután depredador...

BELÉN
(Gritando con las manos en la
cabeza) ¡Por Dios, Pablo! ¡Me
estaba... yendo!

PABLO
¿...yendo...?

BELÉN
¡Me estaba corriendo! ¿Vale?
¡En ese puto momento me
estaba corriendo!

PABLO
(Mirándola con asombro)
¿Te estabas corriendo...?¿Y me
lo dices tan tranquila...?

BELÉN
(Bajando la cabeza)
Tan tranquila no. Por Dios,
Pablo, suena horrible. Pero
es que es la verdad. No te
ignoraba, es que estaba como
fuera de mí. Era como un
sueño. Y había bebido... tú
llegas en ese momento...

PABLO
¿No eras tú? ¿Entonces ese
chocho mojado y ávido de
polla no era el tuyo?

BELÉN
Por Dios, Pablo, no me
hables así. Es que tuviste
que llegar en ese maldito
momento...

PABLO
(Asombrado)

Ah, perdóname. ¿Qué tenía
que haber hecho entonces?
¿Disculparme y volver más
tarde, cuando hubierais
acabado?

BELÉN
No, Pablo, es que en ese
momento me estaba... bueno, tú
ya sabes que cuando yo... que
yo... Joder. Perdóname, Pablo...

Pablo se echa las manos a la cara.

BELÉN
(Llorando)
Pablo. He hecho una
estupidez. He cometido la
mayor estupidez de toda mi
vida. Perdóname.

PABLO
¿Por qué...?

BELÉN
(Confundida)
¿Que por qué te pido perdón?

PABLO
Que porqué lo hiciste...

BELÉN
No lo sé. No sé ni lo qué
paso, Pablo. Te juro que

trato de recordar y no puedo
explicarlo. Es la mayor
tontería, lo peor que he
hecho en mi vida. Pero eso no
significa nada. En absoluto.
Es una estupidez de un
instante. Una locura. Pero
solo fue eso, un minuto de
locura...

PABLO
(También llorando y tocándose
el pelo con ambas manos)
Pues nos has jodido la vida
en ese puto minuto.

BELÉN
No, Pablo. Soy una imbécil.
Pero no he jodido nuestra
vida porque no volverá a
ocurrir. Te lo juro, Pablo
¡No volverá a ocurrir nunca!

PABLO
¿No volverá a ocurrir? Caramba,
gracias, Belén. Muchas gracias
por no volver a ser una gran
puta. Qué gran noticia. Mi
mujer no volverá a follarse a
mi jefe en mi cocina,delante
de mis amigos. Qué felicidad.
Estoy de enhorabuena.

BELÉN
No estaban delante...

PABLO
No volverás a follarte a mi
jefe sin que estén delante
mis amigos. Gracias, Belén.
Gracias. De verdad. Te estoy
profundamente agradecido.

BELÉN
Pablo, por favor...

Belén se echa en los brazos de Pablo.
Pablo se deja abrazar. Incluso
levanta los brazos como si fuera a
hacer lo mismo, pero en ese momento
Pablo recuerda la escena de la
cocina, que se repite en flashback.
Pablo se desespera recordando la boca
abierta, la mirada perdida...

PABLO
Qué suerte tengo de que no
vuelvas a ser la gran puta.
Excepto los ratitos en que sí
lo seas, claro.

BELÉN
Pablo...

Pablo se zafa con brusquedad del
abrazo de Belén. Como ella no
cede, le golpea con violencia en
los hombros y luego en la cabeza,
llorando, desesperado, fuera de
sí, desembarazándose finalmente de
un violento empujón que la hace
trastabillarse y caer.

Pablo se la queda mirando con
preocupación, pero ve que Belén se
levanta bien. Vuelve a pasarse las
manos por la cabeza.

PABLO
¿Sabes? Por mí, como si eres
desde ahora la mujer más
decente del mundo, la más
casta del planeta. Como si te
metes a monja, a ursulina,
como si te dan el nobel de
la paz. O como si te follas
medio barrio...

BELÉN
Pablo...

PABLO
Por mí te puedes ir a la puta
mierda para siempre.

Entra en el piso y cierra de un
portazo.

ESCENA 20
INT. EN LA OFICINA DE BELÉN - DÍA

Belén está en la puerta del despacho
de su jefa, de pie, sin entrar.

Mira a su jefa fijamente, como
estudiándola. La jefa, de unos
cuarenta años, no se ha dado cuenta

de la presencia de Belén, y está mirado un documento. Por fin repara en Belén. Con amabilidad deja de leer, se quita las gafas y esboza una sonrisa.

Pero Belén sigue mirándola sin cambiar la expresión. Está imaginándosela tal como sugirió Paula, debajo de Pablo, bocabajo, encima de la mesa de la cocina, con la mirada perdida y sometida a los embates de Pablo, que la empuja con pasión.

La imagen de Pablo y la jefa es una escena dentro de esta escena.

JEFA
Belén, ¿querías algo?

BELÉN
(Sin contestar en seguida)
Ya tengo los primeros vídeos de Munich. Estoy con el tercero. Si quieres hablamos ya con producción.

JEFA
Muy bien, Belén, les llamo y te digo.

Belén sonríe levemente y sale del despacho. Al hacerlo, se cruza con un joven que entra en el despacho y que, muy afectuoso, saluda a la

jefa con un par de besos. La jefa
le corresponde con efusividad y
confianza, tocándole los brazos y
entrelazándole las manos.

Belén observa todo esto con atención.
Se fija en las manos, luego en las
caras. Se lo piensa. Vuelve al
despacho.

> BELÉN
> Hola, Gaspar.

> GASPAR
> Ah, Hola, Belén.

> BELÉN
> ¿Qué tal tu mujer?

> GASPAR
> (Extrañado)
> ¿Mi mujer?... Bien, gracias.

> BELÉN
> Me alegro. ¿Y los niños?

> GASPAR
> ¿Los niños? ... No tenemos
> niños...

> BELÉN
> Perdona, creía que...

> GASPAR
> Pero estamos embarazados, así
> que, sí, casi. Gracias.

BELÉN
Ah, qué bien. Enhorabuena...

Belén sale del despacho, dejando a Gaspar y a la jefa con las manos entrelazadas y una sonrisa entre cordial y perpleja.

ESCENA 21
INT. OFICINA DE BELÉN - POCO DESPUÉS

Belén está sentada ante la pantalla de su ordenador. Lleva puestos los auriculares y las gafas, pero su mirada parece perdida en la pantalla, sin poner atención a lo que ocurre en ella.

Se acerca LUCÍA, la compañera que el otro día la saludó. Lucía es una mujer algo mayor que Belén (35), delgada, pelo corto, peinado moderno. Aire resuelto y decidido.

LUCÍA
Hola. ¿Qué tal el finde?

Belén la mira sin devolver el saludo.

LUCÍA
¿Estás bien?

BELÉN
(Muy seria)
Lucía, ¿podemos salir antes?

LUCÍA
(Extrañada)
Claro.

BELÉN
Mejor vamos fuera.

LUCÍA
Como quieras.

ESCENA 22
EXTERIOR. UNA TERRAZA EN LA CALLE -
MAÑANA SOLEADA

Lucía mira fijamente a Belén, que está
removiendo el té, sin levantar la
vista de la taza.

LUCÍA
(Indignada)
No lo entiendo. Encima le
disculpas.

BELÉN
No le disculpo, Lucía. Es que
no fue nada.

LUCÍA
¿Cómo nada? Te agredió.

BELÉN
No me agredió. Solo fue un
empujón.

LUCÍA
¿Solo un empujón? ¿Pero tú te
estás escuchando?

BELÉN

Por favor, Lucía, de todo
lo que ocurrió solo te has
quedado con eso. Para mí es
lo de menos...

LUCÍA

Eso nunca es lo de menos,
Belén. ¿Lo ha hecho antes?

BELÉN

No. Ni ahora tampoco. Fue
solo un empujón, estaba
desquiciado. Pero ése no es
el problema ahora. No te lo
estoy contando por eso.

LUCÍA

Vale. Como quieras.
(Silencio. Larga calada a
su cigarro) ¿Dónde estás
durmiendo?

BELÉN

En casa de una amiga.

LUCÍA
¿Estás bien allí?

BELÉN
Sí.

LUCIA

Podemos demandarle. No te
puede echar así como así.
Sabes que puedes contar
conmigo para eso.

BELÉN
Ya, pero...

LUCÍA
Soy tu amiga, pero si quieres
también puedo ser tu abogada.

BELÉN
Lucía...

LUCÍA
No te preocupes por el
dinero. Esto no va a costarte
nada.

BELÉN
Gracias, Lucía, pero...

LUCÍA
Tienes que demandarle, Belén.
Aunque sea su casa, lleváis
dos años juntos.

BELÉN
Tres.

LUCÍA
Tres años juntos. Y además te
ha echado con violencia.

BELÉN
(Levantando la voz)
¡Lucía, por favor...! Eres mi
mejor amiga aquí. Por eso
te lo cuento. No quiero una
abogada. Quiero una amiga.

LUCÍA
Soy tu amiga.

BELÉN
(Llorando)
Solo quiero una amiga para
poder contarle... que tengo
mucho miedo.

Lucía se acerca y la abraza.

LUCÍA
Vale, vale, enterramos el
hacha de guerra. Pero solo
hasta que tú quieras...

BELÉN
No quiero demandarle. Solo
quiero volver. Quiero que me
perdone y volver, estar como
antes, como si nada hubiera
pasado.

LUCÍA
Pero sí ha pasado...

BELÉN
Ya lo sé.

LUCÍA
Belén, no quiero ser dura.
Quiero lo mejor para ti. Pero
es necesario que lo vayas
asumiendo, por tu bien. Es
necesario que asumas que
posiblemente no te perdone.

(Belén la mira sin decir
nada)

LUCÍA
Nosotras podemos perdonar una
aventura, una infidelidad,
una cana al aire, aunque nos
joda muchísimo. Pero ellos
no, para ellos es mucho más
difícil. Y además...

(Da una larga calada a su
cigarro como pensando bien lo
que va a decir)

LUCÍA
Belén, soy tu amiga y quiero
lo mejor para ti. Por eso te
hablo como lo hago. Mira,
si te perdona, estupendo.
Si vuelves con él, lo
celebramos. Por todo lo alto.
Pero los hombres esto no lo
suelen perdonar. Y además... la
forma en que ha ocurrido....

(Belén se recoge la cara
entre las manos. Lucía la
vuelve a abrazar)

LUCIA
Belén, es muy difícil que lo
deje pasar. Y por la forma en
que ha ocurrido se sentirá
además humillado, y eso lo
complica todo muchísimo.

BELÉN
Ya lo sé. Ya lo sé. ¡Dios mío!

LUCÍA
Por eso creo que lo mejor es
que tomes la delantera y le
demandes. Pero lo dejo, vale.
Lo dejo si tú quieres.

Belén no dice nada y tiene la
cabeza en su regazo, Lucía le pasa
suavemente la mano por la espalda.

LUCÍA
Belén, no te mortifiques.
Cometiste un error. Vale.
Pero nada más. Todos
cometemos errores. Pídele
perdón, hazle ver lo que le
quieres y que quieres volver,
pero no te humilles ni te
mortifiques. No te pases las
horas frente a su puerta.
Eres una mujer libre. Nunca
te olvides que eres una mujer
libre, con todo el derecho
del mundo a equivocarse.
Si lo acepta, muy bien.
Estupendo. Todos contentos.
Pero tú tienes derecho a
seguir tu vida. Con la cabeza
bien alta. Dispuesta a vivir
y a seguir cometiendo errores
como éste y otros aún más
grandes.

BELÉN
(Asintiendo)
Tengo mucho miedo. Creo
que lo he estropeado para
siempre.

LUCÍA
Esta tarde he quedado con
unos amigos. ¿Te gustaría
venir?
(Belén niega con la cabeza)

LUCÍA
Te vendrá muy bien. Somos
todos abogados, pero no te
preocupes porque son muy
simpáticos. Además, a uno de
ellos ya lo conoces...

(Belén sigue negando)

LUCIA
No te estoy preguntando. Vas
a venir. Hablaremos con ellos
de esto, si quieres, tienen
mucha experiencia en estos
asuntos y te orientarán. Pero
si no quieres, pues hablamos
de otra cosa. (La abraza)
Apóyate en tus amigos.
Defiende lo tuyo, tu hogar,
pero apóyate en tus amigos.

(Belén asiente y le da un
fuerte beso)

LUCÍA
Otra cosa. ¿Tiene un vídeo?

BELÉN
(Sorprendida)
¿Cómo?

LUCÍA
Dices que llevaba el móvil en
la mano, como si estuviera
grabando. ¿Hizo un vídeo?

(Belén, aturdida, no
contesta)

LUCÍA
Que no se le ocurra colgarlo,
¿entendido? Si lo tiene, dile
que no se le ocurra colgarlo.
Los hay que lo hacen por
despecho, pero eso déjaselo
bien clarito. O entonces sí
que intervengo yo ¿estamos?
Y le sacamos de su casa, te
pongas como te pongas.

ESCENA 23
INT. DESCANSILLO FRENTE AL PISO DE
PABLO — NOCHE

Pablo acaba de subir el último
peldaño y se encuentra a Belén de
pie. Sin mirarla, abre la puerta.

BELÉN
¿Tienes un vídeo?

Pablo se vuelve y la mira,
confundido.

BELÉN
Pablo, ¿lo grabaste? ¿Lo has
grabado en un vídeo?

Pablo confuso, sigue sin decir nada.

BELÉN
No lo cuelgues. Por favor,
Pablo, no lo cuelgues.

PABLO
No voy a colgarlo.

BELÉN
Por favor, Pablo, por
nosotros... que esto quede
entre nosotros...

PABLO
No pienso colgarlo.

BELÉN
No lo cuelgues o entonces sí
que todo se habrá acabado
para siempre.

PABLO
No voy a colgarlo.

Entra y cierra.

ESCENA 24
INT. PASILLO ESTRECHO - LUZ
ARTIFICIAL

Pablo está caminando por un estrecho
pasillo gris y con desconchones en
las paredes. La cámara le sigue por
detrás. Primer plano de su gesto
preocupado.

Un cruce le lleva a otro pasillo
igualmente estrecho y desvencijado.

Pablo sale finalmente a una sala
amplia y despejada, parecida a una
cancha de baloncesto.

Al borde de la sala, una persona
sonriente le tiende la mano con
amabilidad y le acompaña al centro de la
amplia nave donde, formando semicírculo,
aguardan diez o doce personas sentadas,
todos hombres, de diversas edades, que
aplauden tímida y cortésmente la llegada
de Pablo al semicírculo, donde le espera
una silla vacía.

El anfitrión que le ha acompañado le
indica amablemente con una mano que
ha llegado su turno de hablar. Pablo,
nervioso y preocupado, se dirige a
los presentes.

                    PABLO
        Hola, me llamo Pablo y mi
          mujer me ha engañado.

TODOS A LA VEZ
Hola Pablo.

ANFITRIÓN
Bienvenido Pablo. No tengas
miedo, porque estás entre
amigos y todos los que aquí
estamos hemos pasado por lo
mismo que acabas de pasar tú.
Cuéntanos tu caso. Exponlo
en voz alta, porque te hará
mucho bien, a ti y a todos
los que estamos contigo y te
apoyamos.

PABLO
(Nervioso y hablando
entrecortado)
Pues... hace unos días... yo... yo
invité a mi jefe... y a unos
compañeros...

La cámara da vueltas sobre Pablo
mientras habla, aunque ya no le
oímos. Los que están sentados
escuchan con amabilidad y corrección.
Poco a poco, su gesto amable y
solidario da paso a la expectación y
la sorpresa. Cuando Pablo acaba de
hablar, se hace un largo silencio,
que comienza a ser incómodo para
Pablo. Ahora todos le miran con
extrañeza, como sorprendidos.

UNO
Pablo.... ¿Nos estás diciendo
que... que lo hizo en la
cocina...?

OTRO
¿Y qué estabais cenando
cuando ocurrió?

OTRO
¿Delante de ti? ¿Delante de
todos?

Pablo asiente débilmente, confundido
y abrumado

ANFITRIÓN
(Sorprendido, después de un
silencio)
Mi mujer me engañaba, pero
siempre a mis espaldas.
Nunca se le ocurrió hacerlo
en mi casa, delante de mí.
La habría matado. La habría
estrangulado.

OTRO
¡Será puta!

OTRO
¡Pablo! ¡Tu mujer es una
puta!

OTRO
¡Una auténtica puta!

TODOS A LA VEZ
¡Puta! ...¡Puta! ... ¡Puta! ...

ESCENA 25
INT. DORMITORIO DE PABLO - A
CONTINUACIÓN

Pablo está en la cama bocarriba, con
los ojos cerrados. Súbitamente los
abre como platos y queda así unos
segundos. Todo ha sido un sueño.

De lejos suena al piano.

ESCENA 26
INT. BALCÓN - MAÑANA

Pablo está asomado al balón,
escuchando a su pequeño vecino tocar
otra vez las Variaciones Goldberg.

ESCENA 27
INT. COCINA DE PABLO - NOCHE

Belén está sobre la mesa de la
cocina, bocarriba, con la boca
abierta, mecida por las embestidas de
Andrés, encima de ella.

Por la puerta de la cocina entra
Pablo, que la mira con sorpresa y
dolor, pero no se detiene sino que
desaparece por el otro extremo. Belén
le mira y extiende una mano como si
quisiera detenerle.

Por la puerta de la cocina aparecen
ahora un hombre y una mujer, de
unos sesenta años, que la miran con

sorpresa y dolor. Se cogen de la
mano, sobrecogidos y asqueados, pero
desaparecen por donde lo hizo Pablo.
Belén les mira y extiende una mano
como quisiera detenerles.

Por la puerta de la cocina aparece
Paula, que la mira con reproche
e indignación, moviendo la cabeza
arriba y abajo como diciendo "ya
te vale" y desaparece por el mismo
lugar.

Por la puerta de la cocina aparecen
un niño y una niña de unos seis o
siete años de edad, cogidos de la
mano. La miran con seriedad pero no
hacen ningún gesto.

Belén les grita: "¡No miréis!" Ellos
desaparecen por el mismo lugar que
los anteriores. Belén les mira y
extiende una mano como quisiera
detenerles.

ESCENA 28
INT. DORMITORIO DE BELÉN - NOCHE

Belén está acostada de lado, al borde
de la cama, con los ojos cerrados.
Súbitamente los abre, y así queda
unos segundos. Los vuelve a cerrar,
pero con fuerza, con gesto de dolor.

ESCENA 29
EXT. CARRETERA RURAL - DIA

Pleno campo. Un coche está parado
en medio de la estrecha carretera.
Delante de él está pasando un rebaño
de ovejas.

Pablo espera pacientemente, con el
codo en la ventanilla y la mano
sujetando la cabeza, en actitud
resignada. Bosteza. Ver pasar ovejas
le da sueño, obviamente.

Un bocinazo despierta súbitamente a
Pablo. Un tractor está detrás de él,
y el lugareño gesticulante que lo
conduce le conmina sonriendo a que se
ponga en marcha. Ya no hay ovejas.
Pablo reanuda la marcha.

ESCENA 30
EXT. CASA DE PUEBLO EN MEDIO DEL
CAMPO - DIA

Pablo entra despacio con su coche en
un camino que le deja frente a una
casa de campo.

En la puerta de la casa le esperan un
hombre y una mujer de unos sesenta
años. La mujer levanta los brazos
con alegría. El hombre aguarda sin
moverse.

MUJER
Pero Pablo, ¿has venido
solo...?

Pablo sale del coche sin decir nada.
Se acerca a la mujer y le da un beso.

PABLO
Hola, mamá. ¡Qué frío tenéis
hoy aquí! Hola, papá. (Saluda
a su padre con la mano, dado
que éste se halla un poco
lejos. El padre le devuelve el
saludo levantando la cabeza)

MADRE
¿Pero cómo que no ha venido
Belén? ¿Está enferma?

PABLO
No, no ha podido venir. Ahora
te cuento.

MADRE
Qué pena, si tenía que
probarse el jersey que le
estoy acabando...

Entran en la casa.

ESCENA 31
INT. DENTRO DE LA CASA DE PUEBLO –
POCO DESPUÉS

Pablo y su madre están sentados en
torno a una mesa con mantel de hule

y adorno de ganchillo. Pablo tiene
una cerveza en la mano. El padre
está sentado en un sofá, cerca de
ellos. Aunque sigue la conversación,
también está mirando la tele y de vez
en cuando apunta con el mando para
cambiar de canal.

Pablo y su madre llevan un rato sin
hablar. La madre, muy seria, mira
fijamente a Pablo, que con la vista
baja juega con el vaso.

MADRE
Pero cómo que os habéis dado
un tiempo...

PABLO
Mamá, estas cosas pasan... A
veces... las personas tienen
que darse un tiempo...

MADRE
¿Cómo que un tiempo? La gente
se quiere o no se quiere.
Mira tu padre y yo. Nunca nos
ha hecho falta darnos ningún
tiempo...

Pablo mira a su padre, que sigue
mirando la tele y empeñado en cambiar
de canal.

PABLO
¿Se toma bien la medicación?

MADRE
Hay días. Pero no me cambies
de tema.

PABLO
Es distinto, mamá (baja
la cabeza). A veces las
personas... no son quienes
creías que eran... y es
necesario... darse un tiempo.

MADRE
Pablo, no sé qué ha pasado
entre vosotros, pero
escúchame, seguro que es
una tontería. Un calentón
de pareja, como los que
hemos tenido tu padre y yo a
docenas. Al final acabaréis
reconociendo que es una
tontería.

PABLO
No, mamá, no es una tontería.

MADRE
(Enfadada) Sí que lo es.
Mira, No sé lo que os pasado,
pero Belén es una chica
estupenda. Y tú eres un chico
estupendo. Estáis hechos el
uno para el otro. Lo demás
son tonterías. Lo que teníais
que haber hecho es casaros
hace mucho tiempo. Entonces
estas cosas no ocurrirían.

PABLO
(Abatido)
Si nos hubiéramos casado...
bueno, mejor así.

MADRE
Mira, Pablo. Tú eres muy
cabezota. No sé de quién
es la culpa. Pero es
igual. Me da lo mismo. Me
da exactamente igual. Una
tontería. Si ha sido ella,
pues la perdonas. Y si has
sido tú, pues le pides
perdón. Pablo, reconciliaros.
Volved. No encontrarás una
mujer mejor en el mundo.

PABLO
(Levanta la cabeza y la mira
sorprendido)
Pero mamá, ¿qué clase de
suegra eres tú? Por favor, un
poquito de tópico.

MADRE
Yo no soy suegra de nadie.
Yo soy vuestra madre para
los dos. Porque para mí,
Belén es como una hija. Y
una hija buenísima, sea cual
sea el motivo por el que
ahora estáis... como estáis. Y
os quiero ver reconciliados
(Tapándose la cara) No sabes

el disgusto que nos estás
dando a tu padre y a mí...

Pablo vuelve a mirar a su padre, que
le mira y asiente un momento, con
cara de circunstancias, pero que no
deja de mirar la tele ni de mantener
el mando en posición de ataque.

PABLO
A lo mejor Belén no es tan
buena hija como te piensas...

MADRE
Sí que es buena, Pablo, una
gran chica. La conozco muy
bien. Llevo en este mundo
muchos más años que tú. Y le
estoy haciendo un jersey.
Yo no le hago un jersey a
cualquiera... (Cogiendo la mano
de Pablo con ternura) Así que
has sido tú quien ha roto con
ella...

(Pablo calla y baja la
cabeza. Bebe)

MADRE
Pablo, no seas cabezota.
Volved juntos.

PABLO
No puedo.

MADRE

Cabezota. ¿Qué sabrás tú lo que es perdonar? ¿Qué sabrás tú lo que es convivir?

PABLO
(Molesto)

Mamá, no te metas en lo que no sabes. No todo se arregla con buenas palabras...

MADRE

Sois unos críos. Eres un crío, Pablo. Ya está dicho. ¿Qué niñería será esa que no quieres dejar pasar? Tu padre y yo hemos pasado por muchos altibajos, muchos, más de los que te imaginas, pero aquí seguimos. ¿Por qué? Porque sabemos convivir, y sabemos discutir, y perdonar.

PABLO
(Harto y cabreado)

¿Ah, sí? ¿Sabéis convivir? ¿Sabéis perdonar? Pues a ver. ¿Tú perdonas esto? ¿Tú le has hecho alguna vez a papá esto?

Saca el móvil, toca unos botones y se lo enseña a su madre.

ESCENA INTERCALADA
Vista del exterior de la casa de
campo. Las ovejas pastan en un prado
cercano. Un perro se acerca a mear en
la rueda del coche de Pablo.

ESCENA 32
INT. DENTRO DE LA CASA - UN POCO MÁS
TARDE

Silencio sepulcral. El tic-tac del
carillón suena pesado. El padre mira
fijamente a Pablo, aunque el mando
no lo ha soltado. Pablo y su madre
tienen la mirada baja. Pablo balancea
el vaso, ya casi vacío. La madre pasa
los dedos por el mantel, jugando a
retirar unas migas inexistentes.

                    MADRE
            Es una golfa.

Pablo no dice nada. Cabizbajo, sigue
moviendo el vaso.

                    MADRE
        ¿Cómo ha podido engañarnos
        tanto tiempo? ¿Cómo ha sido
        capaz de hacernos algo así,
              esa golfa?

                    PABLO
        Déjalo, mamá, ya no merece la
                  pena.

MADRE

Si quería engañarte, si
tantas ganas tenía de rabo,
que se vaya al hotel, a un
picadero, a casa del otro. No
en tu casa. Delante de ti,
delante de tus amigos. Esa
golfa se ha portado peor que
las putas...

PABLO

No te alteres, mamá. No tenía
que habértelo contado.

MADRE

La mosquita muerta... ¿Cómo
ha podido hacerte eso...? ¿Pero
cómo puede ser tan mala y tan
bicho una persona? (llora)

PABLO
(Cogiéndole la mano)
Vamos, mamá.

MADRE

Qué bien nos la ha jugado, la
mosquita muerta. Porque si te
hace eso en tu casa, delante
de ti, de esa manera tan
sucia, esa golfa no ha parado
de hacerlo a tus espaldas.

PABLO

No lo sé, mamá, pero eso ya
no importa.

MADRE
Con la ilusión que queríamos
que os casarais, que fuerais
felices... menos mal que no lo
has hecho, Pablo. Esa puta se
queda preñada, posiblemente
del otro, y te echa de tu
propia casa, Pablo, fíjate lo
que te digo...

PABLO
Mamá...

MADRE
(Levantándose)
Qué bicho, qué bicho... pero
qué gente más mala hay en el
mundo.

La madre se marcha a la habitación.
Pablo se queda cabizbajo,
apesadumbrado, lamentando haberle
dicho la verdad.

Levanta la cabeza y mira a su padre,
que le sigue mirando sin decir nada.
Pablo le sonríe levemente, tal vez para
animarle, tal vez dolido de su mutismo.

PABLO
Bueno, papá, ¿qué te parece
la nueva faceta de tu nuera?

El padre se levanta despacio, se
acerca a la mesa. De repente, da un
súbito MANOTAZO a la mesa, tan fuerte

e imprevisto que Pablo se echa hacia atrás, sorprendido)

PADRE
¡Si tuvieras lo que hay que tener, a esa puta ya la habrías molido el alma a hostias...!

ESCENA 33
INT. CONSULTA DE PSICÓLOGA - LUZ TENUE

La psicóloga está mirando a la cámara. Primer plano de su cara. Antes de comenzar a hablar, permanece unos segundos en silencio. Se parece mucho a Carmen Machi.

Detrás de ella, varios diplomas colgados en la pared.

Habla despacio, suave, solvente, dejando a veces silencios entre frases.

PSICÓLOGA
Todos cometemos errores. La diferencia es que algunos no tienen reparo en cometerlos, y en seguir cometiéndolos, y otros en cambio sufren por cometerlos, sufren por sus consecuencias. Claro

que también hay errores de
los que nadie se da cuenta,
salvo nosotros mismos. Y
por último, están aquellos
errores por los que nos
pillan. Belén ¿Te avergüenzas
de tu error...?

Belén asiente con la cabeza. Están
sentadas frente a frente, cerca, sin
mesa de por medio. Machi tiene las
manos en el regazo, levemente unidas.

PSICÓLOGA
...O porque te han descubierto
cometiéndolo?

Belén duda, no sabe que contestar.

PSICÓLOGA
No me contestes. No hace
falta. Desde ahora te digo
que no tienes nada de
que avergonzarte. Todos
cometemos errores. Todos los
días. Errores tontos, sin
importancia, y errores de
bulto, de los gordos. Solo
que no nos pillan. El tuyo se
ha visto, te han pillado, por
decirlo mal y pronto, y ése
es el único problema.

Breve silencio, para dejar hablar a
Belén.

BELÉN
(Con la cabeza baja,
mirándose las manos)
Tengo mucho miedo.

PSICÓLOGA
(Asintiendo)
Es normal que lo tengas. Por
eso estás aquí. Y yo voy a
ayudarte. Las amigas de mis
amigas son mis amigas, además
de mis clientas, claro.

BELÉN
No soy cliente de Lucía.
Es compañera de trabajo, y
también mi amiga.

PSICÓLOGA
Ya lo sé. Y mía también.
(Silencio) Belén. No tengas
prisa en contestarme a esto.
En el fondo de tu corazón,
¿Qué es lo que quieres?

BELÉN
Quiero... quiero que esto se
acabe, volver a ser la de
antes. Quiero que Pablo me
perdone, que reconozca que
esto solo ha sido un error,
una tremenda estupidez.
Quiero que esto no haya
ocurrido. Quiero que volvamos
a ser lo que éramos.

PSICÓLOGA

Pero ha ocurrido, Belén. Eso
no podemos cambiarlo. Lo que
sí podemos cambiar es la
manera en que veas lo que te
ha ocurrido. Él te quiere,
¿verdad?

BELÉN

Sí. Hasta ese día sí.

PSICÓLOGA

Te quiere. Claro que te
quiere. Por eso se comporta
así. ¿Y tú, le quieres a él?

BELÉN

(Breve silencio. Niega con la
cabeza, una manera de buscar
las palabras)
Con toda mi alma.

PSICÓLOGA

¿Y qué es lo que quieres,
Belén? ¿Qué es lo que te
gustaría que ocurriera?

BELÉN

Que me perdone. Que volvamos
a estar juntos, que todo
vuelva a ser como antes.

PSICÓLOGA

Estoy contigo en esto, Belén.
Pero la primera persona que
tiene que perdonarte no es

Pablo. Eres tú misma. Si quieres que él te perdone, tú tienes que perdonarte primero. Y si quieres que él te quiera, tienes que quererte a ti, por lo menos tanto como le quieres a él. La primera que tiene que reconocer que esto solo ha sido un gran patinazo y que no te mereces todo lo que te está pasando eres tú. ¿Lo entiendes, Belén?

Belén asiente.

PSICÓLOGA
Mira. No voy a engañarte, esto quiero dejarlo claro desde el principio y Lucía tiene razón. Tu error, solo un error y no te avergüences por ello, es que, por desgracia, le has dado en lo que más les duele a los hombres, y es muy difícil que algo así lo dejen pasar. Tiene mala pinta. No sé qué ocurrirá. Lucha con todas tus fuerzas para recuperarlo. Pero tienes que ser consciente de que, tal vez,y digo solo tal vez, eso no llegue a ocurrir.

BELÉN

Ya lo sé. Creo que le he
perdido para siempre.

PSICÓLOGA

No te adelantes, Belén. El
futuro no está escrito y
no lo conoce nadie. Está
bien que lo intentes, con
todas tus fuerzas, pero no
te olvides de ti misma, de
quererte y de perdonarte,
con independencia de que
también lo haga él. Tienes
que asumir que las cosas
puede que ya no vuelvan a ser
como antes, incluso debes
entender que tal vez debas
prepararte para emprender
tu propio camino. No digo
que sea así, pero yo estoy
aquí para ayudarte tanto si
ocurre lo uno como lo otro,
tanto si os reconciliáis
como si emprendes un nuevo
camino, que te aseguro puede
ser igual de fascinante.
Pero pase lo que pase, nunca
olvides que la persona más
importante de tu vida eres
tú. No podemos ponernos en
su piel. No sabemos lo que
hará él. Pero sí sabemos lo
que puedes hacer tú. Lucha

por recuperarlo, claro que sí, pero no te olvides de ti misma. Sal, apóyate en tus amigos, y si no te convencen los que tienes, búscate otros, diviértete, haz vida social, conoce gente, aunque no tengas ganas. Esto es una prescripción inexcusable que te receta tu psicóloga. Sigue subiendo a su casa, ponte a su puerta, lucha por lo que es tuyo, no digo que hagas mal ni que esa fortaleza inexpugnable no pueda ceder en algún momento, pero no te engañes ni dejes de escuchar el momento en que sepas que tienes que pararte. ¿Conoces la oración de la serenidad? La rezaba uno muy sabio que pedía valor para cambiar las cosas que podía cambiar, paciencia para aceptar lo que no podía cambiar, pero sobre todo, pedía sabiduría para reconocer la diferencia.

Belén asiente con la cabeza, aunque por su expresión parece que no le gusta mucho lo que está escuchando.

PSICÓLOGA
No te culpes. Todos cometemos
errores. Yo una vez me lo
hice con mi profesor de yoga
en el baño del gimnasio.
Qué tensión. Qué riesgo,
porque era el servicio de
caballeros.

(Súbitamente reflexiva,
surgiendo ahora sí una cierta
vis cómica)

Claro que mi marido estaba
en Logroño, en una cata de
vinos. Qué elasticidad tenía
el tío. Cuarto Dan, creo
que era. Mi marido nunca se
enteró. Estas cosas no se
confiesan nunca, porque los
hombres no las perdonan.
A saber qué clase de vinos
estaría también él catando.

ESCENA 34
INT. CONSULTA DE PSICÓLOGO - DÍA

Al contrario de la anterior escena,
este despacho es más luminoso porque
entra luz de la calle.

El psicólogo, que se parece mucho a
Pepón Nieto, mira a la cámara. Detrás
hay algunos diplomas colgados de la

pared. Habla con la serena solvencia
de un experto terapeuta.

Al igual que hacía la psicóloga,
Pepón mira a la cámara en primer
plano y, como ella, también se demora
unos segundos antes de comenzar a
hablar.

PSICÓLOGO
Hay que perdonar, Pablo.
Perdonar. El perdón es
sanador, medicinal. Perdonar
es para ti, ahora, tu
herramienta más valiosa. Y
utilízala, porque es una
herramienta muy poderosa.

PABLO
(Secándose una lágrima)
¿Perdonar? ¿Pero cómo
perdonar? ¿Cómo se puede
perdonar una cosa así?

PSICÓLOGO
Pablo, el perdón no es para
ella. Es para ti. Ella
ni siquiera tiene porqué
saber que la has perdonado.
Necesitas perdonar para poder
salir de esta situación.

PABLO
¿Pero usted ha visto lo
que ha hecho, lo que nos

ha hecho? ¿Cómo ha podido
arruinarnos la vida así?
¿Quiere ver el vídeo?

Pablo hace ademán de levantarse, pero
el psicólogo niega con la cabeza.
Pablo se sienta de nuevo.

PSICÓLOGO
No es necesario, Pablo.
Sé que ha sido algo muy
desagradable para ti.

PABLO
¿Desagradable? ¡Se ha tirado
a mi jefe, en mi casa, en mi
fiesta, en mi cocina, delante
de todos! ¡Delante de mí!

PSICÓLOGO
Ya lo sé, Pablo. Es una
situación muy difícil para ti
y por eso estamos aquí. Es
una experiencia muy dolorosa,
y lo que te está causando
es… una especie de estrés
postraumático.

PABLO
¿Difícil para mí? Doctor,
¿Cuántos pacientes le han
venido con una cosa así
¿Quiere ver el vídeo?

PSICÓLOGO
(Resignado)
De acuerdo, enséñamelo.

Pablo se acerca, teclea algo en el móvil y se lo enseña. Al cabo de unos cinco segundos, lo que dura el vídeo, Pepón, ahora sí en una breve vis cómica, no puede evitar levantar las cejas ante lo que acaba de ver, aunque en seguida retoma su papel de experto terapeuta y asiente con tranquilidad.

PSICÓLOGO
Pablo. Sé por lo que pasas.

PABLO
¿Lo sabe? ¿Ha tratado a
alguien por una cosa así?

PSICÓLOGO
Sí, Pablo. Los he tratado.
Pero antes de nada, déjame
decirte que ese vídeo nunca
debe salir de este teléfono.
No habrá salido ya, ¿verdad?

PABLO
No. No saldrá nunca. No voy
buscando eso.

PSICÓLOGO
De acuerdo. Nunca lo
publiques.

PABLO
(Reflexionando)
¿Qué hago? ¿Lo borro?

PSICÓLOGO
No. No lo borres. Al menos
no lo borres todavía. Vamos
a utilizarlo. Será una meta.
Lo que vamos a conseguir,
Pablo, es que, muy pronto,
seas capaz de ver ese vídeo
sin rencor, sin sufrimiento,
después de haber sido capaz
de perdonar, pero de perdonar
de verdad.

PABLO
(Cabizbajo y frotándose la
nuca)
No soy rencoroso, doctor. Se
lo juro. No soy rencoroso.
Pero creo que eso no va a
suceder nunca.

PSICÓLOGO
¿Tú la quieres?

PABLO
No lo sé. No. No lo sé. ¿Cómo
la voy a querer después de
esto?

PSICÓLOGO
La quieres, Pablo. No
estarías aquí tan hecho polvo
si no la quisieras. Y ella te
quiere ¿no es así?

PABLO
No lo sé. No. Creía que sí,
pero nadie que te quiere de
verdad te hace esto.

PSICÓLOGO
Pablo, aunque te duela, no
tiene nada que ver. Esto
ha podido ocurrir, por la
circunstancia que sea, y
quererte, quererte mucho
igualmente. ¿Tú no la
querrías igualmente pese a
que alguna vez, es un decir,
no lo sé, a pesar de que tú
alguna vez hayas podido echar
una cana al aire?

PABLO
Joder, vaya canita.

PSICÓLOGO
¿Y cómo crees que lo está
pasando ella?

PABLO
No lo sé. Mal. Yo qué sé. Ése
es su problema. Ella se lo
ha buscado. Ya le he dicho
que se planta en la puerta de
casa todos los días.

PSICÓLOGO
Y te pide perdón. Eso es
bueno, Pablo, muy bueno. No

tiene por qué hacerlo, es su
vida. Pero te lo pide. Se
puede arreglar.

PABLO
Pero yo no sé si lo que
quiere de verdad es que
la perdone, o simplemente
recuperar su vida, su hogar,
su tranquilidad. No por mí,
sino por su comodidad. Y así
hasta la siguiente. Eso nunca
lo sabré.

PSICÓLOGO
Y si hubiera ocurrido al
revés, Pablo, ¿tú querrías
que te perdonase?

PABLO
Pero no ha ocurrido al revés.
Nunca ha ocurrido al revés.
Yo nunca le haría eso, ni al
derecho ni al revés.

PSICÓLOGO
Pablo, sé que es duro, pero
antes me has preguntado si
he tratado casos así. Pues
no. Así no. He tratado casos
mucho peores. He tratado lo
irreversible. Donde tú estás
ahora, se ha sentado un
joven que lo ha perdido todo
en su vida. En un segundo.

Ha perdido a su familia por
culpa de un despiste suyo
al volante. Pablo, eso es
sí que es irreversible. No
trato de quitar importancia
a lo que sufres. Lo que
soportas es un estrés
postraumático de los gordos,
una imagen insoportable
que no se te quita de la
cabeza, como lo tiene
quien ha visto atrocidades
en la guerra, o como este
chico que ha perdido su
familia por un despiste al
volante. Pero Pablo, la
buena noticia es que lo
tuyo no es irreversible.
¿Te das cuenta de que no ha
ocurrido nada irreversible?
Es fuerte, es doloroso, pero
si tú quieres, si los dos
queréis, no ha ocurrido nada
irreversible. Es duro para
ti, pero la solución es algo
tan sencillo como perdonar.
Hay que tener valor para
perdonar, Pablo, ya sé que
es muy fácil decirlo, pero
créeme, ésa es la solución.
Perdonar.

PABLO
(Tapándose los ojos, casi
llorando)
Claro que quiero perdonar.
Claro que quiero quererla
como antes. Pero... no puedo.
No voy a poder nunca.

PSICÓLOGO
Haremos que puedas. El
perdón es sobre todo para
ti, Pablo. Tiene que ser un
perdón sincero, y cuando
perdones, tú serás el primer
beneficiado. Puedes perdonar
y seguir juntos, si ella
también lo quiere, o bien
puedes perdonar y seguir tu
propio camino solo. Pero
debes perdonar en cualquiera
de los caminos. Nadie puede
vivir con ese rencor y
ese sufrimiento. Ella se
beneficiará de ese perdón,
seguro que se lo merece, no
la conozco, dila que venga,
pero quien más se beneficiará
de tu perdón eres tú. Ahora
no puedes, es natural, pero
vamos a conseguir que seas
capaz de ver ese vídeo, que
puedas recordar lo que ha
pasado, y que no sientas
dolor ni rencor porque has

sido capaz de solucionar
vuestro problema, perdonando.
Y mientras llegamos a eso,
Pablo, que llegaremos, sal,
apóyate en tus amigos, o haz
nuevos amigos, y amigas. Haz
vida social. Conoce gente. El
futuro está por escribir.

PABLO
(Limpiándose una lágrima)
Pero... aparte de ese chico
del coche, ¿alguna vez le ha
venido alguien con una cosa
así...?

Pepón pone cara de circunstancias.
Infla un poco los mofletes, sin
contestar.

ESCENA 35
INT. DESCANSILLO ANTE EL PISO DE
PABLO - NOCHE

Pablo sube las escaleras despacio.
Cuando llega al último peldaño,
Belén está otra vez ahí, de pie,
seguramente le ha oído subir.

Pero Belén le mira ahora con gran
determinación. No es la Belén sumisa
que llora y pide perdón. Hay mucha
resolución en la forma que mira a
Pablo. Incluso un punto de desafío.

Las piernas ligeramente abiertas,
como un pistolero ante un duelo.

BELÉN
Sé lo que vamos a hacer.

PABLO
(Extrañado)
¿Que sabes lo que vamos a
hacer?

BELÉN
Sí. Pablo. Tengo muy claro lo
que tenemos que hacer. Nos
vamos a ir de putas...

PABLO
¡¿...Qué...?!

BELÉN
Que nos vamos de putas,
Pablo. Está decidido. Me la
vas a devolver.

PABLO
¿Qué te voy a...? ¿Te has
vuelto loca?

BELÉN
No, Pablo, lo tengo
clarísimo. Yo te he hecho la
putada y tú me la devuelves
a mí. Nos vamos de putas y
te vas a follar a una puta
delante de mí.

PABLO
¿Pero tú estás...?

BELÉN
Sé dónde hacerlo. Un sitio
discreto (saca una tarjeta
de su monedero). Ningún
problema, Pablo. Está
controlado. Me he enterado
bien. Entramos. Te presentan
varias. Tú eliges y te llevas
a la que te gusta. Dos, si te
apetece. Yo estoy delante,
Pablo, para verte follar, si
quieres. O te espero fuera.
Lo que elijas. Aunque creo
que tengo que estar delante.
Es lo mejor para empatar.
No me importa, Pablo, te lo
juro. Empatamos y en paz. En
paz para siempre.

Belén se frota las lágrimas y con
ello pierde la determinación que
había decidido mantener. Pablo está
con la boca abierta, muy sorprendido,
incapaz de decir nada.

BELÉN
Pablo, por favor. Terminemos
ya con esto. Hazme lo que
te he hecho y quedamos en
paz. Volvamos a ser los que
éramos.

Pablo cierra la boca. Termina la
sorpresa. Niega con la cabeza,
mirándola como si no la reconociera.

PABLO

Te has vuelto loca. Yo no soy
un putero. Yo no me voy a
acostar con nadie. Vete tú a
ese sitio y pídete un maromo,
o dos, para que te den por
el culo, que le has cogido
gusto. Pero a mí no me metas
en tus montajes. Déjame en
paz. Y vete de aquí de una
puta vez. Para siempre.

Entra en el piso y cierra la puerta.
Belén se estaba acercando, de modo
que ha quedado plantada frente a la
puerta, que casi le da en las narices.
Agacha la cabeza y acaba apoyándola en
la pared. Se apaga la luz.

Dentro, Pablo se ha quedado apoyado
de espaldas en la puerta. Hay
amargura en sus ojos, pero también
remordimiento, confusión, dolor.

ESCENA 36
INT. CASA DE CHUS Y JAVIER — TARDE

Pablo está en casa de Chus y Javier,
la pareja también invitada en aquella
cena. Está sentado con Javier,
ambos en silencio. Javier mueve la
cabeza, incrédulo.

JAVIER

Es una bruja. ¿De verdad te dijo eso? ¿Te pidió que te fueras de putas, con ella?
(Pablo asiente)
Es una manipuladora. Una bruja. Lo que quiere es que sientas remordimientos.

PABLO

Quedar empatados, lo llama ella.

JAVIER

Empatados. Claro. Qué bruja. Quiere que te sientas mal para que te pongas a su altura. Los dos nos hacemos la putada. Los dos nos perdonamos. Pero qué bruja...

PABLO

Eso ya lo has dicho...

JAVIER

No pensé que fuera así. Nunca terminas de conocer a las personas.

PABLO

¿Chus qué piensa?

JAVIER

Chus está contigo a muerte. Mira Pablo. Los dos estamos contigo a muerte. Belén era

nuestra amiga antes que tú.
A ti te conocimos por ella.
Pero en esto estamos contigo.
Te ha tratado como el culo.
Eso que te ha hecho no se le
hace a nadie. Es una mala
persona. Una puta. Eso es
lo que piensa ella y lo que
pienso yo.

PABLO
(Baja la cabeza y se pasa
la mano por el pelo con
abatimiento)
Así que una puta y una bruja...

JAVIER
¿Sabes lo que yo haría? Pues
la haría caso. Sí. En parte.
Me iría de putas, pero no con
ella. Me llevaría una puta
a casa, y a ella la dejaría
fuera con la puerta en las
narices. Hola Cris.

Entra Cris. Al ver a Pablo, corre a
abrazarle. Mantiene el abrazo un buen
rato.

JAVIER
¿Sabes lo que le ha pedido?
¡Que se vaya de putas! Pero
con ella delante.

Cris se separa de Pablo, sorprendida.
Le mira a los ojos.

                    CRIS
          Olvídala, Pablo. No te
                 merece.

          (Vuelve a abrazarle)

ESCENA 37
EXT. EN LA CALLE - LUZ DE TARDE

Unos niños están jugando a
perseguirse en la calle. Al fondo,
Lucía, la compañera de trabajo de
Belén, está llamando al telefonillo
del portal.

                TELEFONILLO
                    ¿Sí?

                   LUCÍA
                Soy Lucía.

Suena el interruptor. La puerta se
abre.

ESCENA 38
INTERIOR. ESCALERA - A CONTINUACIÓN

Lucía espera frente a la puerta. Ésta
se entreabre y aparece la mitad de la

cara de Paula, que la mira con gesto
desconfiado. Abre del todo.

LUCÍA
Hola. Tú eres Paula.

PAULA
(Escueta, con frialdad)
Pasa.

Entran en el piso.

PAULA
(Caminando delante pero
vuelta la cabeza hacia Lucía)

Belén está aquí muy bien.
Está en la siesta. Llegas
pronto, pero ahora sale, ya
te ha oído.

Entran en un pequeño cuarto de estar.
Paula señala un sillón. Lucía se
sienta al borde, sin arrellanarse.

PAULA
(Seria)
¿Quieres tomar algo?

LUCÍA
¿Tienes cerveza?

PAULA
Fanta.

LUCÍA
... Muy bien.

PAULA
Sin gas.

LUCÍA
Perfecto.

Paula sale. Lucia, sin moverse,
aprovecha para echar un vistazo al
piso.

LUCÍA
(Cordial, elevando la voz)
Nos conocemos. Creo que
coincidimos el año pasado en
un pub, en la fiesta de Belén.

Paula entra con un solo bote en la
mano, que se lo ofrece sin vaso.

PAULA
El año pasado, cuando la
ascendieron en vuestro curro.
Tú estabas un poco mamada.

LUCÍA
¿Ah, sí?... bueno... era por
una buena causa.

PAULA
Yo también acabé toña. Perdí
el móvil.

Lucía asiente y bebe, un poco azarada
ante la brusca parquedad de Paula.

PAULA
(Tras un breve silencio)

Belén está aquí
perfectamente.

LUCÍA
Ya lo sé. Tú eres su mejor
amiga. Belén no podía estar
en mejor sitio.

PAULA
Tiene una habitación para
ella sola.

Lucía asiente con la cabeza. En ese
momento entra Belén, vestida todavía
con el chándal de Paula.

BELÉN
(Cordial, pero triste)
No tenías que haber venido
a buscarme. Ya te dije que
estoy perfectamente.

PAULA
(Mirando fijamente a Lucía)
Está perfectamente.

LUCÍA
Claro que sí. No he venido
por eso. Solo tenía...
curiosidad por ver dónde te
has instalado. Esta casa está
muy bien. Es... majeta.

PAULA
Quieres decir pequeña.
Cuarenta y seis metros con

el balcón. Pero con dos
habitaciones y dos baños.

                LUCÍA
            (Asintiendo)
              Genial.

                BELÉN
        (Acercándose a Lucía y
            abrazándola)
        Ya te dije que estoy muy
        bien. ¿A qué hora hemos
              quedado?

                LUCÍA
        A las ocho. Pero hay tiempo.
        Solo son cuatro estaciones.
          ¿Tú te vienes, Paula?

                PAULA
          No. Tengo que arreglar un
              grifo.

Lucia, un poco sorprendida, vuelve a
asentir.

                BELÉN
        Me doy una ducha rápida y
            estoy en seguida.

Sale del cuartito en dirección al
baño, pero en seguida vuelve a
asomarse.

                BELÉN
        ¿Me van a silbar los oídos?

LUCÍA
No... yo...

BELÉN
Ya sé que quieres hablar
con Paula. Así que me voy
arreglar muy bien, despacito.
Pero Lucía, de verdad, estoy
muy bien aquí. Paula me cuida
de maravilla.

Sale del saloncito. Lucía y Paula
quedan mirándose en silencio. Lucía
sonríe y bebe.

LUCÍA
Ya sé que aquí está
estupendamente contigo. Lo sé
seguro. No he venido a eso.
(Ante el silencio de Paula,
sigue hablando)
Es solo que... es solo que lo
que le está pasando a Belén
es muy fuerte...

PAULA
Ya lo sé.

LUCÍA
La ha echado de casa.
Tremendo. Por lo que veo,
Belén quiere mucho a ese
tipo, que sin embargo la ha
echado.

PAULA
Un cabrón.

LUCÍA
(Habla despacio, como
eligiendo bien las palabras)
Belén cometió una estupidez.
Una locura.

PAULA
Claro. Se folló a su jefe en
la cocina.

LUCIA
Estuvo mal. Fue un disparate.
No sé qué se le paso por
la cabeza... pero Belén está
destrozada. Su novio la
pilla, la echa de casa... y
además...
(Paula la mira intrigada)
...además la agredió al
descubrirlo.

PAULA
(Sorprendida)
¿Que la agredió?

LUCÍA
Creo que sí.

PAULA
No me ha dicho nada...

LUCÍA
A mí tampoco. Es decir... se lo
he ido sonsacando...

PAULA
No me ha dicho nada.

LUCÍA
No, no, si a mí tampoco... fue
a base de preguntarle, qué
paso, cómo reaccionó él...
contarme directamente, no me
ha contado nada. A ti te lo
hubiera contado antes, claro.

PAULA
Claro.

LUCÍA
Soy abogada, sabes, y se me
da bien sonsacar. Ella le
quita importancia, dice que
solo fueron empujones, le
justifica...

PAULA
Es un cabrón. Pero no
imaginaba que la hubiera
pegado.

LUCÍA
El caso es que, poco o mucho,
empujón o golpe, o lo que
sea, el caso es que la golpea
y la echa de casa. Un palo
para Belén.

Paula hace gesto de incredulidad
mientras asiente con la cabeza.

LUCÍA
Tú eres mucho más amiga que
yo. Al fin y al cabo solo la
conozco del trabajo, tres o
cuatro años. Tú en cambio la
conoces más.

PAULA
De toda la vida. Desde el
instituto.

LUCÍA
¿Tú sabías... es decir... tú
sabes si Belén y él...?

PAULA
Pablo.

LUCÍA
¿Tú sabes si Belén y Pablo se
llevaban bien?

PAULA
Perfectamente. De puta madre.
Son la pareja perfecta.

LUCÍA
Quiero decir... ¿sabes si
alguna vez... si en alguna
ocasión...?

PAULA
¿Que si la ha breado? No.
Nunca. Jamás que yo sepa.
Pablo no es de ésos.

LUCÍA
Ah.

PAULA
Claro que, si fuera de ésos,
que no lo va a ser, Belén no
me lo contaría.

LUCÍA
¿Ah, no?

PAULA
No. Belén me lo cuenta todo.
Casi siempre. Pero lo malo se
lo calla. Es de esas personas
que solo ven lo positivo,
aunque no lo haya. Y lo feo
se lo guardan para adentro.

LUCIA
Ya lo sé. La conozco menos
que tú, pero eso sí que lo
sé.

PAULA
(Reflexionando)
No creo que la meta. Pero
si alguna vez lo ha hecho,
no creo que me lo contara.
Claro, que eso ahora...

LUCIA
Mira. Belén le ha hecho a ese
tío una putada.

PAULA
Putada gorda.

LUCÍA
Se le fue la cabeza...

PAULA
Y tanto...

LUCÍA
Pero ese tío la ha echado
de su casa con cajas
destempladas, posiblemente
a golpes. Y ahora Belén,
nuestra amiga, está en la
calle, destrozada, sin hogar,
rechazada por la persona que
más quiere...

PAULA
Ya lo sé. Un palo. Pero la
perdonará.

LUCÍA
¿Tú crees?

PAULA
No. No lo sé. Yo creo que no.

LUCÍA
Yo tampoco. Los hombres no
perdonan los cuernos. Y menos
puestos de esa manera. Con la
humillación de cómo ha sido,
delante del jefe, de los
colegas.

PAULA

La estaba dando por el culo
en la cocina. Yo eso no lo
perdonaría. Y ella dice que
si le ocurriera al revés,
tampoco.

LUCÍA

Y yo tampoco. Yo creo que
esto se ha acabado. Yo no se
lo diré, porque se hundiría
del todo, pero creo que esto
se ha acabado. Y entonces,
Paula...

(Bebe un trago del bote y
mira fijamente a Paula)

Hay que adelantarse. Belén
no quiere que haga nada, y
si ella no quiere, pues yo
no hago nada, lo respeto.
Pero no podemos permitir que
Belén siga así, destrozada,
consumida por falsas
esperanzas. ¿Por qué sube a
su piso todos los días?

PAULA

Porque tiene llave del
portal.

LUCIA

No, ya... digo que por qué lo
hace. ¿Qué espera conseguir?

PAULA

¿Y qué quieres que haga?
No se pone al teléfono, no
responde los wasaps, la ha
bloqueado. Pero ella le adora
y está empeñada en que le
perdone. ¿Qué otra cosa puede
hacer, sino plantarse a la
puerta a ver si un día suena
la flauta y la deja pasar?

LUCIA

Tienes razón. Tienes toda la
razón. Ojalá se le acabe el
ataque de cuernos y Belén
vuelva a ser nuestra amiga de
siempre. No tiene familia,
¿Verdad?

PAULA

Una prima en Barcelona. Nada
más. Sus padres murieron hace
años.

LUCÍA

O sea, que nosotras somos su
familia. Sus amigas.

PAULA

Mía un poco más.

LUCÍA

Claro, tuya un poco más. Y
además vive en tu casa. Por
eso...

PAULA
Por eso quieres que intente
convencerla para que le deje,
y si eso que le denuncie.

LUCIA
(Mirándola sorprendida, como
descubriendo de repente que
Paula no es tan friki como
hasta ahora le parecía)
Dicho así... No. Bueno... en
cierto modo. No que lo
denuncie, pero sí que se vaya
dando cuenta de que eso... de
que eso con él se ha acabado.

PAULA
Claro que se ha acabado. Le
dan por el culo a tu mujer en
tu cocina.

LUCÍA
Es simplemente que entre las
dos... vayamos poco o poco
intentando que lo asimile,
que rehaga su vida, que
alquile un apartamento...

PAULA
Conmigo está perfectamente.
Aquí puede estarse todo el
tiempo que le dé la gana.

LUCÍA
Ya lo sé, por supuesto,
pero que salga, que conozca

gente.... Ahora vamos con unos
amigos a tomar algo. A uno ya
le conoce y creo que no se
desagradan...

PAULA
No sé. Está muy pillada.

LUCÍA
Y si te enteras de... ya sabes...
que si él en alguna ocasión
la ha...

PAULA
No creo... Me dejas flipando.

LUCÍA
Porque si es así, entonces,
lo quiera o no lo quiera
Belén, yo...

Entra Belén, ya vestida y arreglada,
aunque con una simple blusa con
hombrera y un vaquero, nada
glamuroso.

BELÉN
¿Ya lo sabéis todo de mí?
¿Estoy aprobada?

LUCÍA
Todo. Con nota. No ha quedado
nada en el tintero.

Belén se acerca a Lucía y la abraza.
Hace ademán a Paula para que acerque
y la abraza también a la vez.

BELÉN
Os quiero.

ESCENA 39
EXTERIOR. CAFETERÍA - TARDE NOCHE

Belén, Lucía y sus dos amigos están
sentados en la mesa de una cafetería.

La mesa está junto a la ventana y
les vemos desde fuera, a través del
cristal. No les oímos y no sabemos lo
que dicen, pero Lucía y sus amigos
se muestran animados, charlando
continuamente.

Tienen una copa de vino tinto en la
mesa, excepto Belén, que bebe tónica.
Belén sonríe y sigue las conversaciones,
pero no se muestra tan animada.

Uno de los dos amigos la está mirando
casi continuamente.

La cámara se queda en el vaso largo
de tónica, para enlazar con el vaso
largo de la escena siguiente.

ESCENA 40
INTERIOR. BAR DE COPAS - NOCHE

Vaso largo sobre la barra.

Pablo está en la barra de un bar de
ambiente.

Mira a uno y otro lado, como
evaluando al personal que tiene
alrededor, con semblante un poco
nervioso pero sonriente, como
diciendo: "yo controlo".

Pablo hace una seña a la camarera,
que se acerca. Pide un gin-tonic.

Mientras la camarera se lo sirve,
Pablo la mira ensimismado porque es
bastante guapa. Mientras sirve la
ginebra, ella levanta la vista y se
da cuenta de que la mira, aunque
Pablo baja su mirada en seguida.

CAMARERA
(Sonriendo, sin mirarle)
Puedes mirarme todo lo que
quieras. Solo cobro la
bebida.

Pablo sonríe, pero la camarera se va
y no vuelve a acercarse.

Pablo pasea la vista por el local.
No hay demasiada gente. Al fondo una
pequeña pista de baile en la que se
aprietan dos parejas.

Al volver la vista a la barra,
Pablo ve que a su lado, muy cerca,
se ha sentado una chica que le
mira fijamente, entre divertida e
insinuante, con un codo apoyado

en la barra y la mano sujetándose la cabeza, como si le estuviera estudiando a conciencia.

Pablo, al cabo de un instante, un poco nervioso por la evaluación a la que está siendo sometido, levanta el vaso a modo de saludo.

ESCENA 41
EXT. CALLE – DÍA

Belén y Lucía caminan por la calle. Llegan a un edificio de oficinas, en cuyo portal, bien visible, hay una placa de abogados.

Lucía se adelanta y hace intención de entrar, pero Belén se detiene, cruza los brazos y baja la cabeza, sonriendo y negando.

> BELÉN
> No es esto lo que hablamos.

> LUCÍA
> Venga, Belén.

> BELÉN
> Era solo tomar café.

> LUCIA
> Y lo tomamos arriba, con él.
> Es que no puede salir, está
> esperando unos informes.

BELÉN
(Sigue sonriendo con la
cabeza baja)
Quedamos en que no.

LUCÍA
No te comprometes a nada.
Solo son consejos. Escúchales
y luego haces lo que quieras.

Lucía tiene la mano en la puerta.
Como Belén calla, Lucía entiende que
acepta. Abre la puerta.

ESCENA 42
INT. DESPACHO DE ABOGADOS - A
CONTINUACIÓN

Belén y Lucía están sentadas tras la
mesa del despacho de RAÚL, abogado
(35), el mismo con el que tomaban
vinos en la cafetería.

ABOGADO RAÚL
(Cordial)
Lucía tiene razón. Hablar no
te compromete a nada. Solo es
para que conozcas mejor tus
opciones. Aunque te parezca
increíble, nuestra misión es
precisamente la de no tener
que llegar a juicio.

Lucía coge la mano de Belén, que al escuchar la palabra juicio ha bajado la cabeza.

ABOGADO
No tenéis hijos...
(Belén niega con la cabeza)
No estás embarazada...
(Belén levanta la cabeza, sorprendida. Raúl levanta la mano, como disculpándose)
No importa. Tal como yo lo veo, hay motivos suficientes como para hacerle reconsiderar.

BELÉN
¿Cómo voy a hacerle reconsiderar si me presento con un abogado? Lo verá como una amenaza.

ABOGADO
No. Lo verá como lo que es. Que está delante de alguien que sabe cuáles son sus derechos y está dispuesta a hacerlos valer. Créeme. La sola presencia de un abogado hace entrar en razones.

Belén baja la cabeza y niega, como si no lo viera claro. Raúl mira a Lucía.

ABOGADO
Te ha echado de casa sin
explicaciones. Te ha dejado
sin hogar, después de tres
años. Te ha golpeado...

BELÉN
¡No me ha golpeado!

ABOGADO
Hablamos de máximos, Belén.
Ya habrá tiempo de bajar el
listón. Aunque la casa sea
suya, los jueces entienden
perfectamente que hay muchas
maneras de hacer las cosas.

BELÉN
Dijiste que nada de juicios.

ABOGADO
Nada de juicios. Nada de
disparos. La policía no
dispara. Lleva pistola, pero
casi nunca dispara. Basta
con que la gente sepa que la
lleva.

LUCÍA
Belén, no tienes nada.
¿Qué tienes? ¡Nada! Al
menos conoce tus derechos.
Utilízalos. Lucha por
recuperarle. Si quieres
luchar para volver con él,

muy bien, lucha por eso, pero
lucha con armas. Y esas armas
son tus derechos.

BELÉN
¿Cómo voy a recuperarlo con
una demanda?

LUCÍA
(Indignada)
¿Y cómo vas a recuperarlo
sin una demanda? ¡Qué tienes
entonces? Te seguirás
plantando en la puerta,
esperando que un buen
día se apiade y te diga:
venga,va,hoy es el día que
decido perdonarte?

BELÉN
(Baja la cabeza, susurra)
Todo por mi...

LUCÍA
(Conciliadora)
Le hiciste una putada. Una
gran putada que escuece. Pero
bien te lo está haciendo
pagar. No le debes nada. No
estáis casados y justo de
eso se vale para dejarte en
la calle. Te has equivocado,
bien, pero tienes derecho a
equivocarte y a ser tú misma
con todos tus errores. Eres
una mujer libre. Y tienes

tus derechos. ¿Qué otra
cosa tienes, Belén, que tus
derechos? No tienes más.
Mírate. Estás en la calle.
Estás hundida. ¡Pues lucha!

                ABOGADO
              (Conciliador)
       No tenemos por qué llegar a
       juicio. Pero él tiene que
       saber que puedes llevarlo, y
       que puedes ganarlo. ¿No crees
       que esa es la mejor manera de
            que reconsidere...?

Belén calla, baja la cabeza,
reflexiona.

Tras larga pausa, la levanta con
firmeza. Ha llegado a una conclusión.

                BELÉN
         ¿Cómo voy a demandarle?
           (Se pone de pie)
              Lo siento.

Sale sola del despacho.

ESCENA 43
EXT. EN LA CALLE - TARDE

Belén camina por la calle. Se
encuentra a Chus y Javier, que en ese
momento salen de su casa.

Belén iba a verles. Sus miradas se encuentran. Belén apresura el paso para llegar hasta ellos, pero al acercarse, Chus y Javier bajan la mirada sin detenerse.

Belén se queda parada, confundida. Chus y Javier entran en su coche, sin mirarla siquiera.

Belén observa cómo el coche arranca y se aleja. Ninguno de los dos se vuelve a mirarla.

ESCENA 44
INTERIOR. DESCANSILLO DEL PISO DE PABLO - NOCHE

Belén está sentada en el pollete debajo del ventanuco.

De pronto, se levanta. Ha oído voces en la escalera.

Se asoma. Su mirada delata que reconoce la voz de Pablo. Viene con alguien.

No sabe qué hacer. Decide bajar, pero se lo piensa mejor y vuelve a subir. Ahora ya decide bajar y lo hace hasta el piso de abajo.

Belén se cruza a media escalera con Pablo. Está acompañado de la chica que se sentó junto a él en la barra.

                    BELÉN
        (Sin mirarles, como si solo
           fuera una vecina)
              Buenas noches.

                    CHICA
        (Con jovialidad cantarina)
                    Hola.

Pablo no saluda.

Cuando desaparecen, Belén está
petrificada. Mira hacia arriba, como
tratando de seguir sus pasos.

Oye el portazo.

Belén se sienta en un peldaño y se
lleva las manos a la cara.

Al cabo de unos segundos, se limpia
las lágrimas y saca del bolso un
pañuelito con el que se suena.

Se levanta con determinación,
resuelta, decidida, como si acabara
de ver muy claro lo que debe hacer.

ESCENA 45
EXTERIOR. CALLE - NOCHE

(Suena "Rakone", de Radiohead).

Noche cerrada. Belén sale del portal
de la casa de Pablo caminando
deprisa, con determinación.

Luz de farolas y agua en la calzada, un camión municipal está regando. Un operario también está regando las aceras.

ESCENA 46
INTERIOR. DORMITORIO DE PABLO - LUZ DE LAMPARITA

Pablo y la chica están dentro de la cama, besándose.

Más bien es ella la que le besa. De pronto, la chica retira la cabeza y mira fijamente a Pablo.

                    CHICA
          ¿Qué pasa? ¿Es que no te
             gusta lo que ves?

                    PABLO
            Sí, mucho, es que...
          (Le da un rápido beso en
          los labios. Los aparta en
                  seguida.

                    CHICA
          ¿Quieres que juguemos un
            ratito por ahí abajo?
          ¿Sí? ¿Buscamos al calvito
                 travieso...?

La chica se sumerge bajo la sábana, pero Pablo la sujeta.

PABLO
No... no, verás...mira... mejor es
que...

La chica mira fijamente a Pablo con un
punto de recriminación.

PABLO
Lo siento... es que... mira... ¿te
importa sí... te importa si no
hacemos nada y...?

CHICA
Y hablamos.

PABLO
Exacto. Hablamos.

CHICA
Ya. ¿Y de qué hablamos?

PABLO
De nada en particular... de...

CHICA
Mira, si quieres que
hablemos, hablamos. Pero yo
voy a cobrar lo mismo.

PABLO
Sí, claro, por supuesto, lo
mismo.

CHICA
Ah. Vale. ¿Y entonces, de qué
quieres que hablemos...?

(Breve silencio)

PABLO
¿Sabes jugar a las cartas?

La chica le mira con extrañeza, como
diciéndose: "Vaya pieza que me ha
tocado hoy".

ESCENA 47
INT. SALÓN - POCO MÁS TARDE

Pablo y la chica están jugando a las
cartas.

Pablo está en calzoncillos y ella en
bragas. Pablo sostiene las cartas con
desmaña, como un principiante. Deja
una carta en la mesa con torpeza,
pero sonriente.

La chica en cambio se maneja con
soltura. Sostiene el mazo con
propiedad.

Tiene un cigarro en la boca y los
ojos entornados por el humo. Estudia
la jugada y suelta una carta con
gran autoridad, con gran vuelo de
carta y soltándola en la mesa con
golpe de nudillos, como hacen los
buenos jugadores.

Sin levantar la vista, con la otra
mano apunta algo en una libreta.

Ahora mira a Pablo fijamente, pero sin ninguna emoción, como quien examina un pez exótico en una pecera, mientras exhala un perfecto y bien redondo aro de humo.

(Sugerencia de música: "Reckoner" de Radiohead sigue sonando en esta escena sin palabras y en las dos siguientes.)

ESCENA 48
INT. DESCANSILLO DEL PISO DE PABLO - POR LA MAÑANA

Se abre la puerta del piso de Pablo.

Sale la chica, que se vuelve para darle a Pablo dos besos, fríos, protocolarios. Se marcha.

Pablo se da cuenta de que en el pomo de la puerta hay colgada una bolsa blanca.

Examina su interior. Saca de ella una bolsa de papel marrón. De la bolsa de papel, saca una porra.

Levanta la vista y se queda pensando. Vuelve a mirar la bolsa, donde hay varias porras más.

Dentro hay también una carta. Es un sobre con un tarjetón de felicitación.

En el tarjetón, por fuera, varios corazones rojos que llenan toda la tarjeta. En el interior, escrito a bolígrafo con grandes letras sobre ambas caras:

"¿EN PAZ?"

Y un gran corazón, con una boca sonriente, dibujado también a bolígrafo.

Pablo se queda pensativo. Finalmente decide dejar la bolsa como estaba, sobre el pomo. Entra en el piso y cierra la puerta.

Pero en seguida, Pablo vuelve a salir. Hurga la bolsa y coge otra porra. Entra y cierra definitivamente.

ESCENA 49
INT. DESCANSILLO – CLARIDAD DE DÍA

(Sigue sonando "Rackoner" de Radiohead)

Belén sube el último peldaño. Se detiene al comprobar que la bolsa sigue colgada del pomo.

Se acerca despacio, saca de ella la tarjeta, que abre y cierra en seguida.

Coge una porra y se sienta allí mismo
en la puerta. Da un mordisco pequeño
y muy desganado a la porra.

Se queda pensativa, con la mirada
perdida, sin masticar.

ESCENA 50
EXT. CALLE – TARDE

Pablo camina por la calle. De pronto,
recibe un empujón por la espalda.

Se vuelve con sorpresa. Paula está
allí, con gesto muy hosco.

> PAULA
> ¡No vuelvas a tocarla! ¡No
> vuelvas a ponerle una mano
> encima!

> PABLO
> ¡Yo no la he tocado!

> PAULA
> No te equivoques conmigo.
> Lo que te ha hecho es una
> putada. Algo muy gordo. Lo
> sé. Si alguien me hace eso a
> mí, le plancho los huevos de
> una patada. Pero tú no tienes
> derecho a tocarla. Ni tú ni
> nadie.

PABLO
No la he tocado ¿Pero qué
tonterías estás diciendo?

PAULA
(Que se aleja por delante de
Pablo, en su misma dirección
pero a paso vivo) ¡Vuelve a
tocarla y te denunciamos!
Nuestra amiga abogada se
muere de ganas por hacerlo.

Pablo se queda parado,estupefacto,
mientras ve alejarse a Paula. Al cabo
de unos segundos, grita:

PABLO
¡Yo no he tocado a Belén!
¡Nunca le he puesto la mano
encima!

PAULA
(Volviéndose, sin dejar de
caminar)
¡Pues sigue sin hacerlo!

ESCENA 51
INT. BALCÓN - POR LA MAÑANA

Pablo está asomado al estrecho
balcón, vestido con una bata de
franela. Está escuchando al niño
de enfrente, que está tocando otra

vez el primer movimiento de las
Variaciones Golberg.

PABLO
(Gritando para que le oiga)
¡Gustavito! Con esa música
Hannibal Lecter despellejaba
a un policía. ¿No te sabes
algo de Metálica...?

Cesa la música. Desde el otro balón,
detrás de la cortina, el niño, ceñudo
y desconfiado, mira a Pablo.

Pablo entra y se sienta. Sobre la
mesa hay un periódico y un rotulador.
Abre una cerveza. Mira el periódico,
que tiene abierto por la sección de
Anuncios de empleo. Coge el móvil.

PABLO
Hola, buenos días. Mire,
llamaba por el anuncio de...ah,
ya... ya...bueno... gracias.
(Mira otra vez el periódico.
Coge el móvil).
Hola, buenos días, mire,
llamaba...

ESCENA 52
INT. CAFETERÍA CONCURRIDA - TARDE

Belén y MARIO están sentados en una
mesa de la cafetería.

Es la misma donde estuvieron el otro día con Lucía y el otro amigo a cuyo despacho subieron.

Hay dos copas de vino en la mesa. Belén juega con el borde de la suya, prácticamente llena. La de Mario, en cambio, casi vacía.

Están sonrientes y hablando frases cortas. No sabemos lo que dicen, porque los vemos a cierta distancia, desde el punto de vista de Paula.

Porque Paula está en la barra, de espaldas a Belén para que no la reconozca, camuflada con gafas negras y bajo un gorro de lana que le tapa buena parte de la frente.

Belén sonríe, mirando la copa. Mario se acerca a Belén y le susurra algo al oído. Belén da un leve sorbo a su copa, sin dejar de sonreír. Mario levanta la mano y hace una seña al camarero con la copa vacía para que le sirva otra.

Paula no pierde ojo de lo que allí ocurre.

El camarero llena la copa de Mario. Nada más servirla, Mario se acerca a Belén y le da un BESO en los labios, un beso que Belén no rechaza.

Quedan unos segundos con los labios unidos.

Paula les mira con enorme sorpresa. Abre la boca de puro estupor.

Como el beso es largo, le da tiempo a enfocar con el móvil y hacerles una foto. Paula paga y se marcha con el botín.

Ya en la calle, Paula se detiene, saca el móvil y escribe algo en él.

La cámara vuelve a Belén y Mario, en primer plano, que siguen besándose.

Pero Belén hace un breve gesto de retirar la cara. Pone su mano en el brazo de Mario.

Mario retira la cara sorprendido. Mira fijamente a Belén, que baja la cabeza y niega levemente.

> BELÉN
> (Sin mirarle)
> Lo siento.

Mario sigue mirándola en silencio. Mantiene una leve sonrisa.

Ahora Mario gira cabeza y lleva la mirada hasta a la otra parte del bar. Es una mirada de decepción, de cabreo. Da un sorbo a su copa. La

deja en la mesa. Vuelve a mirar a
Belén, que sigue con la cabeza baja.

BELÉN
Lo siento.

MARIO
(Breve silencio. Sonríe)
¿De qué me suena esto?

Da otro sorbo. Ante el silencio de
Belén, sigue hablando, sin dejar de
sonreír. Pero en su voz hay ya una
cierta irritación.

MARIO
Debo estar teniendo un dejá
vu. Pero no fue aquí. ¿Te
acuerdas dónde?

Belén asiente levemente, sin levantar
la cabeza.

MARIO
Aquel bar ya no está. Ahora
creo que hay un locutorio.
Joder, parezco Sabina. (Breve
silencio) Tres años hará.
¿No? ¿Belén? ¿Pueden ser tres
años ya...?

BELÉN
(Ahora mirándole)
Lo siento, No estoy
preparada.

MARIO
(Asintiendo y mirando a otro
lado)
Cómo pasa el tiempo...

BELÉN
Ha sido mala idea, Mario. Lo
siento mucho.

Mario asiente, sin dejar de sonreír.
Se levanta.

MARIO
No vuelvas a llamarme.

Se marcha, pero apenas da unos pasos
se vuelve, agachándose un poco para
decirle, casi al oído, con cierta
agresividad.

MARIO
Dejo que me invites.

ESCENA 53
EXT. CASA DE PABLO. BALCÓN - TARDE
NOCHE

Pablo está asomado al balcón,
pensativo.

El niño de enfrente está tocando
"Para Elisa". Tal vez ya no se atreve
con las Variaciones Golberg.

Suena el móvil, Pablo lo coge.

Se queda petrificado.

Está viendo la foto de Belén
besándose con Mario.

El wasap dice, en mayúsculas:

"POR CAPULLO"

ESCENA 54
INT. CONSULTA DE LA PSICÓLOGA – LUZ
TENUE

La psicóloga está sentada frente a
Belén, mirándola fijamente.

Le enseña una hoja de papel.

                    PSICÓLOGA
          Mira. Nueve casillas. En el
          centro, la casilla del amor,
            de la pareja. Por ejemplo,
              tú y Pablo. Pero fíjate.
          Alrededor hay otras casillas.
            ¿Ves? Aquí está la familia.
              En ésta, los amigos. Aquí,
            el trabajo. Esta es para las
            aficiones. Aquí los deseos,
          las aspiraciones, las metas a
          conseguir. Imaginemos ahora...
            que esta casilla del centro,
                  la del amor...
            (La tacha con el rotulador)
          desaparece. Muy triste, sí,

pero... ¿qué ocurre? Fíjate.
Ha desaparecido la casilla
del amor, una faena, ya no
está. Pero fíjate. En la hoja
todavía quedan otras ocho
casillas muy importantes en
tu vida, cosas que siguen
ahí y que merece la pena
vivirlas. Ahora fíjate en
esta otra hoja...
(Carmen pone delante otra
hoja, donde solo hay una gran
casilla, con la palabra amor)
¿Qué hay en este otro papel?

BELÉN
Solo amor.

PSICÓLOGA
Exacto. Solo amor. Una única
casilla que ocupa toda la
hoja. Es muy importante el
amor en esta hoja. Tanto, que
no ha dejado sitio para nada
más. Imagina ahora que, por
las circunstancias que sean,
el amor desaparece. ¿Qué
queda en el papel?

BELÉN
Nada.

PSICÓLOGA
Eso es. Nada. La casilla del
amor ha llenado toda la hoja,

y si el amor desaparece,
provisionalmente, claro,
desaparece todo en tu vida,
porque no has dejado sitio
para nada más.

BELÉN
¿Yo...?

PSICÓLOGA
Bueno, es un tú genérico.
Pero sí, esta podría ser tu
hoja, una hoja de una sola
casilla. Grande, pero única.

BELÉN
(Frotándose los ojos, como
cansada)
Yo sí tengo otras casillas.
Tengo trabajo, amigos, tengo
inquietudes...

PSICÓLOGA
Claro que sí. De eso se
trata. ¿Ves? De que la hoja
de tu vida no sea ésta, sino
ésta otra...

Saca la otra hoja de las nueve
casillas.

Belén acerca la mano y coge las dos
hojas. Las examina y las compara.

La psicóloga asiente con leve sonrisa
de satisfacción, sabedora del efecto
de su propuesta.

Pero en seguida su cara pierde la
sonrisa y aparece una mueca de
decepción.

Belén ha cogido la hoja de una sola
casilla. Con los ojos cerrados, la
está apretando contra su frente.

Machi mira a Belén con resignada
aceptación, y aparece brevemente su
vis cómica: fija la vista más allá de
Belén, con los ojos bien abiertos,
como recordando, hablando para sí
misma.

PSICÓLOGA
Esa fue también mi hoja
durante mucho tiempo. Hasta
que descubrí que me la estaba
pegando con nuestra dentista.
(Con extrañeza) Nuestra
dentista... Si hubiera sido con
una profesora de yoga, con
una piloto militar... ¿Pero,
Sonsoles? Si estaba más gorda
que yo...

ESCENA 55
INT. CONSULTA DEL PSICÓLOGO - DIA

El psicólogo Pepón Nieto tiene la
mano levantada. Está muy serio
y concentrado. Su dedo índice se
desplaza lentamente de un lado a
otro.

                    PSICÓLOGO
          Mira al dedo. No dejes de
          seguirlo. Belén está tumbada
          bocabajo, en la mesa de la
          cocina. No dejes de mirar
              el dedo. Belén te está
          mirando, y tu jefe se la está
          follando. Eso es. No dejes de
                mirar el dedo...

La cámara está ahora detrás del cogote
de Pablo, que se desplaza leve y
lentamente al ritmo del dedo de Pepón.

                    PSICÓLOGO
          Eso es. Concéntrate en la
          mirada de Belén, que te mira
          con la boca abierta, confusa,
              estremecida de placer,
          mientras tu jefe se la folla.
          Eso es. Sigue el dedo.

El psicólogo guarda ahora silencio
pero no deja de mover muy despacio el
dedo a un lado y a otro.

Se detiene.

PSICÓLOGO
(Sonriendo y confiado)
¿Qué tal?

PABLO
Bien.

PSICÓLOGO
¿Mejor?

PABLO
Mucho mejor.

PSICÓLOGO
¿Cuánto mejor? ¿De cero a
diez...?

PABLO
(Suspirando)
¿De cero a diez...? Pues...
de cero a diez, lo que yo
quiero ahora es cogerlos
por el cuello a los dos y
estrangularlos.

Con la sonrisa congelada, las cejas
de Pepón se levantan lentamente y se
enarcan en un rictus de decepción.

ESCENA 56
EXT. FACHADA DE LA OFICINA DE BELEN — DÍA

Belén sale del edificio de su oficina.
Baja las escaleras y anda unos
metros.

Una voz grita su nombre.

-¡Belén!...

Belén se vuelve, mira a lo lejos. Al
otro lado de la calle, la madre de
Pablo le hace una seña con la mano.

Belén se detiene, sorprendida. La
madre cruza la calle y va a su
encuentro.

Belén está a punto de llorar. La
madre ha cruzado la calle, Belén
se acerca a su encuentro. Tiene
sentimientos encontrados, pero quiere
abrazarla. Necesita abrazarla y
extiende los brazos cuando la tiene
cerca.

Pero la madre de Pablo, cuando la
tiene a su lado, le suelta una
BOFETADA que casi la tira al suelo.

                    MADRE
                  ¡Golfa...!

Belén se lleva una mano a la mejilla.
La mira asustada y dolorida. Apenas
tiene tiempo de cubrirse porque la
madre vuelve a golpearla, esta vez en
los hombros y la cabeza, que Belén se
ha protegido con las manos.

Finalmente, Belén cae de rodillas.

MADRE

Eras una hija para mí.
Ahora solo eres una hija
de la gran puta. Toma. Tu
jersey (Le tira el jersey
con violencia) Le falta una
manga. (Alejándose) Ojala te
esté pequeño.

BELÉN

(Gritando, cuando la madre ya
está a cierta distancia)
¿Pero qué os pasa en esta
familia que todo lo arregláis
a guantazos...?

ESCENA 57

EXT. UNA CALLE POCO CONCURRIDA –
TARDE

Belén camina por la calle camino a
casa de Pablo, con la cabeza baja. Se
frota la mejilla. Todavía le duele la
bofetada de la madre. El jersey asoma
entre las asas de su bolso.

Al doblar la esquina, observa algo de
lejos. Se detiene.

Pablo sale del portal de su casa
llevando de la mano una bicicleta. En
la trasera de la bicicleta, un gran
bolsón cuadrado con el anagrama de
Glovo.

Belén lo observa con sorpresa. Pablo se sube a la bicicleta con alguna dificultad y pedalea precisamente en dirección a Belén. Al ver que se acerca, Belén se esconde rápidamente en un portal.

Pablo se aleja. Belén, pegada de espaldas a la pared del portal, se lleva las manos a la boca. Sale despacio y se sienta en un banco, con la cabeza recogida entre las manos.

ESCENA 58
INT. RELLANO ANTE EL PISO DE PABLO – NOCHE

Pablo sube las escaleras con la bicicleta al lado. Su rostro denota mucha fatiga. Cuando llega al descansillo pone las manos en los riñones.

Belén está allí. Tiene cara de preocupación.

> BELÉN
> Pablo, coge lo que necesites
> de la cuenta. Yo no voy a
> tocar nada.

> PABLO
> Vete a la mierda.

SECUENCIA DE MONTAJE: Las siguientes escenas 59 a 66 se producen en rápida sucesión, aunque ocurren en momentos distintos.

De fondo en todas ellas suena "Mezanzine" de Massive Attack, tanto en las escenas de Pablo como en las de Belén.

ESCENA 59

Pablo está esperando a la puerta de un restaurante coreano, con su bicicleta y junto a otros repartidores.

El mismo lugar más tarde, con menos luz diurna. Pablo sigue esperando.

ESCENA 60

Pablo pedalea con dificultad subiendo una cuesta.

ESCENA 61

Belén está mirando atentamente un vestido en la planta de señoras de unos grandes almacenes.

ESCENA 62

Pablo sube la cuesta andando,
empujando la bicicleta.

ESCENA 63

Belén está en el probador, mirándose
al espejo con un vestido elegante que
le cubre un poco por debajo de las
piernas.

ESCENA 64

Pablo pedalea cuando un coche sale de
un cruce y se echa encima, provocando
que Pablo se caiga. El conductor sale
del coche con preocupación. La gente
se arremolina. Pablo se levanta, no
es nada, no ha llegado a tocarle. El
del coche se disculpa. Se va. Pablo
se echa mano a los riñones y se
agacha un poco con las manos en las
rodillas.

ESCENA 65

Belén está probándose un tercer
vestido, bastante más corto que
el anterior. Con las manos en la

cintura, se contonea ante del espejo. Parece que éste es el que le gusta.

ESCENA 66

Es de noche. Pablo está sentado en un banco, su bicicleta al lado. Su lenguaje corporal delata cansancio y derrota.

ESCENA 67
EXT. DELANTE DE UN ALTO EDIFICIO DE OFICINAS - DÍA

Belén está parada junto a la entrada de un edificio de oficinas. Mira fijamente la fachada, como dudando si entrar.

ESCENA 68
INT. OFICINA DE PABLO - DÍA

Oficina de Pablo. Charly y Guzmán en sus mesas de trabajo como en su anterior escena, la cámara también un poco por debajo de la altura de sus cabezas.

Guzmán levanta la vista. Sorprendido, hace una seña a Charly, que se vuelve a mirar un instante y se reincorpora en seguida, intercambiando con Guzmán una mirada de complicidad.

Belén se está acercando a ellos, atravesando antes varias filas de mesas.

Lleva la mirada baja, camina con decisión pero su gesto delata preocupación y nerviosismo. Va muy arreglada. Lleva puesto el tercer vestido que se probó, bastante por encima de la rodilla, y unos grandes pendientes de aro.

Belén llega a la altura de Guzmán, que no puede dejar de mirarla. Belén baja la vista al sentir la mirada de Guzmán, que también baja la suya, pero en seguida Belén vuelve a levantarla con determinación.

Sin detenerse, Belén pasa a la altura de Guzmán y Charly, y entra en el despacho de Andrés.

Cuando Belén entra en el despacho, Charly mira fijamente a Guzmán y, sin hablar, solo moviendo mucho la boca para marcar las palabras, pero sin pronunciarlas, dice:

Qué puta.

ESCENA 69
INT. DESPACHO DE ANDRÉS - A
CONTINUACIÓN

El despacho de Andrés está bastante
oscuro. Las persianillas de la
cristalera que da a la nave están
bajadas. Aspecto de penumbra.

Por ello resaltan más los ojos de
José Coronado, que mira fijamente a
Belén durante toda la conversación,
sin apartar ni un solo momento la
mirada, que es intensa, escrutadora,
un tanto inquietante, como la del
policía que examina al detenido
antes de interrogarle, una mirada que
parece esconder segundas intenciones.

ANDRÉS
Yo no le he despedido. Se fue
él solito. Aunque seguramente
le hubiera despedido si él no
se hubiera adelantado.
(Breve pausa para comprobar
el efecto de sus palabras).
Me agredió, pero no lo he
denunciado.
(Nueva pausa, esta vez un
poco más larga).
Yo siento lo que ha pasado.
Siento mucho lo que ha
pasado. De verdad. Pero ya
somos todos mayorcitos y

sabemos lo que hacemos y
dónde nos metemos. Estuvo
mal, pero tú no eres ninguna
niña y sabías lo que hacías.

BELÉN
No he venido a hablar de eso.

ANDRÉS
(Extrañado)
¿A qué has venido entonces?

BELÉN
Quiero que Pablo vuelva a
trabajar aquí.

ANDRÉS
Se despidió él.

BELÉN
Llámale. Convéncelo. Quiero
que Pablo vuelva a trabajar
aquí.

ANDRÉS
(Sopesando)
¿Y por qué iba a hacer yo
eso?

Belén mira fijamente a Andrés.

Andrés, que no ha apartado ni un
momento la mirada de los ojos de
Belén, la baja por primera vez, pero
solo para recorrer su cuerpo con
insolencia.

ESCENA 70
INTERIOR. HABITACIÓN DE HOTEL - HORA
IMPRECISA

Habitación de hotel,funcional y
oscura. La ventana está cerrada,
la persiana bajada, las cortinas
echadas.

De fondo suenan las extrañas notas de
"Fatalism" de Massive Attack.

La oscuridad de la habitación apenas
deja ver unas siluetas sobre la cama.
Una espalda erguida y desnuda se
mueve despacio, rítmicamente. Debajo,
un cuerpo bocarriba se mece con la
misma parsimonia.

La cámara se desplaza a la derecha.
De pie, desnudo, apenas perceptible
por la oscuridad está Andrés, cerca
del aparador y bebiendo directamente
de una botellita, contemplando la
escena.

Andrés deja la botellita, se acerca
despacio hasta la silueta que está
erguida. Coge suavemente su cabeza y,
con delicadeza, va bajándola hasta su
cintura.

Andrés levanta la cabeza y cierra los
ojos, estremecido.

ESCENA 71
EXT. FACHADA DE HOTEL – TARDE

Puerta del hotel. Andrés sale
despacio, se detiene apenas
traspasada la puerta, y enciende un
cigarro.

Belén sale poco después, con gafas de sol.

Andrés tiende la mano y hace ademán
de buscar la cara de Belén para
besarla.

Belén se queda frente a Andrés,
retira la cara y rechaza el contacto.

> BELÉN
> (Muy seria)
> Todos los jueves mientras
> Pablo trabaje. Solos. Nadie
> más tiene qué enterarse.
> (Amenazante) Tu mujer
> tampoco.

Belén se da la vuelta y se marcha sin
despedirse.

ESCENA 72
EXT. UN BANCO EN LA CALLE – TARDE

Pablo está sentado en un banco en la
calle. Su bicicleta está al lado. Su
rostro delata cansancio y pesadumbre.

Pasan niños, parejas de la mano, grupos de amigos riendo. El rostro de Pablo es el rostro de la derrota.

Se hace de noche. Pablo sigue en el banco.

Suena su móvil. Lo coge.

ESCENA 73
INT. OFICINA DE PABLO - MAÑANA

Andrés está en su despacho, de pie, mirando fijamente a Pablo a través de un resquicio de la persiana que ha abierto discretamente con la punta de los dedos.

Pablo está sentado en su mesa, absorto en la pantalla de su ordenador, detrás de las mesas de Guzmán y Charly, también absortos en sus pantallas.

La mirada de Andrés es como siempre intensa, escrutadora, más bien desagradable, un punto rencorosa.

Pablo mira su móvil. Acaba de recibir un wasap. Lo lee y levanta la vista hacia el despacho de Andrés. Permanece así inmóvil unos instantes, mirando hacia el despacho.

Finalmente se levanta y se dirige al despacho de Andrés. Guzmán le mira de reojo sin decir nada.

ESCENA 74

INT. DESPACHO DE ANDRÉS - A CONTINUACIÓN

Andrés está sentado detrás de la mesa de su despacho. Sus codos están cómodamente apoyados en los brazos del sillón.

Está mirando fijamente a Pablo, al que tiene sentado delante.

Sigue silencioso. Tiene un bolígrafo en las manos, con el que juguetea

                    ANDRÉS
          ¿Sabes por qué estás aquí?

La cámara está fija en Andrés, sin que veamos todavía a Pablo, que no responde. Andrés deja el bolígrafo y se echa un poco hacia delante.

                    ANDRÉS
          Estás aquí porque eres un
          buen profesional. Porque
          haces muy bien tú trabajo.

Pablo permanece en silencio. Tiene la cabeza baja.

ANDRÉS
Ella ha estado aquí.

Pablo, sorprendido, levanta la vista,
pero no responde.

ANDRÉS
Tu mujer...

PABLO
No es mi mujer.

ANDRÉS
Perdona. Belén, ¿verdad?
Belén ha estado aquí. En este
despacho, sentada donde tú
estás ahora.

PABLO
(Tras un prolongado silencio)
¿Y qué quería?

ANDRÉS
Vino a pedirme que volvieras
a trabajar aquí.

PABLO
Me fui yo.

ANDRÉS
Claro. Eso es lo que le dije.
(Andrés habla despacio, como
recreándose en sus silencios)
Pero ella quería que
volvieras a trabajar aquí. Me
pidió que te llamara, y que
te convenciera.

Pablo calla y mira fijamente a Andrés, tratando de asimilar lo que implican esas palabras. Andrés también guarda un breve silencio como para dejar que Pablo reflexione.

ANDRÉS
Pablo, estás aquí porque eres un buen profesional y porque mereces el puesto. Ella me dijo que estaba dispuesta a lo que fuera con tal de que recuperaras tu trabajo.

Nuevo silencio. Pablo hace ademán de levantarse, pero se detiene cuando Andrés sigue hablando.

ANDRÉS
Naturalmente, eso estaba fuera de lugar. No hacía falta. Estás aquí porque mereces estar. Solo por eso. (pausa) Te lo prometo.

Pablo permanece cabizbajo. Se toca el pelo.

ANDRÉS
(Con cierta amargura, como si hablara más consigo mismo que con Pablo)
No la pierdas. No dejes escapar a alguien que te quiere así. Ojalá hubiese

alguien que me quisiera a mí
de ese modo.

Pablo permanece en silencio unos
segundos, antes de levantarse y
salir.

Andrés le sigue con la mirada, que
ahora ya no es intensa e incisiva,
sino triste.

Andrés baja finalmente la mirada y la
deposita en una foto del escritorio,
donde aparecen dos caras sonrientes y
felices, la de Andrés muy pegada a la
de una mujer.

ESCENA 75
EXT. FRENTE A LA PUERTA DEL HOTEL –
TARDE

Belén está junto a la puerta del
hotel, con gafas negras. Delante
de ella pasa gente, un anciano se
detiene a limpiarse las gafas. Una
pareja se besa cerca.

Mismo lugar, menos luz. Belén sigue
en la puerta del hotel. Anochece.
Mira varias veces el móvil. Las
luces del hotel se encienden. De la
ferretería contigua sale alguien a
echar el cierre.

Belén vuelve a mirar el móvil. Se
quita las gafas.

Ya es noche cerrada cuando decide
irse.

ESCENA 76
INT. RELLANO ANTE LA PUERTA DEL PISO
DE PABLO - NOCHE

Pablo sube el último escalón y se
queda parado en el rellano.

Belén no está.

Pablo queda pensativo. En su rostro
hay decepción.

ESCENA 77
INT. OFICINA DE PABLO - DÍA

Pablo está de pie frente a la mesa de
Guzmán. Charly ahora no está en la
suya.

PABLO
¿Belén estuvo aquí?

GUZMÁN
(Sorprendido)

¿Belén?... No.

PABLO
Me lo ha dicho Andrés.

Guzmán baja la cabeza, como pillado
en falta. Asiente con la cabeza, sin
mirarle.

GUZMÁN
Fue unos días antes de que
volvieras.

Silencio incómodo. Guzmán le mira y baja
la cabeza. Vuelve a mirarle. Guzmán se
debate entre hablar y callar, como si se
viera obligado a decir la verdad, pero
temiera hacer daño a Pablo.

GUZMÁN
Vino muy... (No encuentra las
palabras) ...arreglada.

PABLO
¿Qué quieres decir?

GUZMÁN
Olvídala, Pablo.

PABLO
¿Provocativa?

Guzmán exhala un largo suspiro. Sin
decir nada, saca su móvil y después
de tocar algunos botones, se lo
enseña a Pablo.

GUZMÁN
Cuando Belén se marchó, Andrés
en seguida habló por teléfono
y luego anotó algo en su

agenda. Luego, cuando salió a
comer, entré en su despacho.
No sé por qué lo hice, pero...

Pablo mira el móvil: ve la foto de la
hoja del calendario de ese día, en la
que Andrés ha anotado:

Bel. Hotel Emperador. 19,30.

                    GUZMÁN
              Pablo, olvídala.

ESCENA 78
EXT. CALLE - TARDE

Pablo anda muy deprisa por la calle.
Rostro desencajado.

Mientras camina deprisa, se suceden
varias escenas mudas en flashback.

La canción "NiceDream" de Radiohead
comienza a sonar en esta escena, y
continúa sonando en todas las escenas
en flashback que siguen.

ESCENA 79
FLASHBACK 1
INT. IGLESIA ENGALANADA - MAÑANA
RADIANTE

Los novios están contrayendo
matrimonio. Están de espaldas,

mirando al sacerdote que está leyéndoles algo.

Podrían ser Belén y Pablo, pero la cámara retrocede por el pasillo de la nave y por la derecha van apareciendo en la bancada los invitados a la ceremonia. Tras varias filas, vemos al borde del banco corrido a Pablo y Belén, de espaldas, bien vestidos para la ocasión.

Belén, al borde del banco, apoya la cabeza en el hombro de Pablo.

ESCENA 80
FLASHBACK 2
EXT. PAISAJE NEVADO - DÍA

Belén y Pablo suben en el telesquí. Ríen con ganas.

Belén y Pablo están en la nieve, bajando con dificultad. Pablo cojea y tiene síntomas de encontrarse mal, porque baja apoyado en Belén, que le sujeta con esfuerzo. Belén lleva un simple jersey de cuello alto, sin anorak, porque Pablo lo tiene sobrepuesto por encima del suyo.

ESCENA 81
FLASHBACK 3
INT. DISCOTECA BULLICIOSA.

Pablo se abre paso entre la gente
llevando con dificultad dos grandes
jarras de cerveza. Cuando va a
depositarlas en la mesa donde espera
Belén, tropieza con un tipo que se lo
toma a mal. El tipo le da un empujón
a Pablo, le amenaza con agredirle.
Belén se levanta y se interpone entre
el tipo y Pablo, belicosa, gallita.
El tipo le da un tortazo. Belén no se
amilana y se lo devuelve. Entra más
gente y les separan.

ESCENA 82
FLASBACK 4
INT. RESTAURANTE ELEGANTE - NOCHE

Pablo y Belén están cenando en un
restaurante elegante. Belén está
hablando y masticando a la vez, muy
deprisa, una aceituna. Coge el hueso
con la mano y lo tira en un plato
cerca del plato de Pablo. Belén sigue
hablando, coge otra aceituna, mastica
deprisa sin dejar de hablar y tira el
hueso al mismo plato, pero el hueso
cae en el plato de Pablo. Este, sin
inmutarse, coge una aceituna gorda
y la tira directamente en mitad del

plato de Belén, por lo que la sopa le salta en su elegante blusa blanca. Belén se enfada, le recrimina, se limpia, se levanta. Se marcha, muy ofendida.

EXT. BANCO EN LA CALLE - A CONTINUACIÓN

Pablo y Belén están sentados en un banco en la calle, Belén de brazos cruzados, muy enfadada. De repente, baja la cabeza y se la cubre con las manos. Parece que llora, pero en realidad se está tronchando de risa. Pablo advierte que Belén se está riendo, y ríe con ella.

ESCENA 83
EXT. CALLE - DÍA

Después de las cuatro escenas en flash-back, Pablo camina deprisa. En su rostro hay urgencia y preocupación.

Coincidiendo con el brusco cambio de la canción Nice Dreams en el minuto 2´30, Pablo se detiene bruscamente. Susurra:

PABLO
Belén...

Sigue sonando la canción NiceDreams,
ahora en su parte final, más dulce y
suave.

Pablo llega hasta el portal de Paula.
Va a apretar el botón del telefonillo,
pero en ese momento sale otro vecino.
Pablo aprovecha para entrar.

ESCENA 84
INTERIOR. PISO DE PAULA - A
CONTINUACIÓN

Pablo está plantado ante la puerta
del piso de Paula. Ya ha llamado. La
puerta se abre.

PABLO
(Con los ojos cerrados)
Perdóname...

Paula contempla a Pablo, tan
seca e inexpresiva como siempre,
completamente impermeable a sus
palabras.

PAULA
A buenas horas mangas verdes.

PABLO
(Abre los ojos)
¿... Está Belén?

PAULA
Se ha ido.

PABLO
¿A dónde?

PAULA
A Barcelona.

PABLO
¿A... Barcelona?

PAULA
Barcelona capital. Se ha
ido para siempre. Si la
contestaras al móvil ya lo
sabrías.

PABLO
Pero...

Pablo no sabe qué hacer. Saca
el móvil pero sin tocarlo.

PAULA
(Impaciente)
¿A qué esperas? Llámala.
Acaba de irse, Todavía la
coges...

PABLO
(Azarado)
No... es que... mierda. No tengo
batería...

Paula mira al techo y se mete dentro.
Cierra la puerta.

Al poco, abre la puerta. Paula sale con su propio móvil y se lo entrega a Pablo.

Pablo lo coge, pero está tan azarado que no acierta con las teclas.

Paula se lo arrebata con brusquedad, teclea, se mete en el piso. Está hablando con Belén. Al cabo de unos instantes sale.

> PAULA
> (Entregándole su propio móvil
> a Pablo)
> Vuela. Está en el parque.
> No te demores porque va con
> hora.

ESCENA 85
EXT. CALLE - A CONTINUACIÓN

Pablo corre por la calle. Dobla la esquina, luego otra. Pasa por varias calles. De fondo SUENA Mezanzine, de Massive Attack.

Pablo se detiene en seco. Mira al frente. Jadea exhausto.

La canción Mezanzine deja de sonar bruscamente.

Belén y Pablo, en plano largo, separados diez metros, cada uno en un extremo de la pantalla. A la derecha, Pablo.

A la izquierda Belén, de pie, mirando a Pablo, porta una gran maleta. Al fondo, el parque.

ESCENA 86

EXT. PARQUE - A CONTINUACIÓN

Belén y Pablo están sentados en un banco del parque, a espaldas de la cámara, el mismo banco de la escena inicial.

Pablo, a la derecha, mira a Belén. Belén mira al frente.

> PABLO
> Perdóname.

> BELÉN
> (Le mira sonriente. Pone su
> mano sobre la de Pablo)
> No tengo nada que perdonarte.

> PABLO
> He hecho el gilipollas todo
> el tiempo. Mira. Voy a borrar
> el vídeo...
> (Saca el móvil, teclea.
> Levanta los ojos al cielo)

> BELÉN
> (Sonriendo)
> Es el móvil de Paula...

No hay duda porque el móvil lleva una funda estrafalaria, con una cabeza de jíbaro colgando.

PABLO
Ya, pero la intención es mía.
Mira... (Mirando el móvil)
Estoy viendo el vídeo. Belén.
Estoy viendo el puto vídeo y no me importa. ¿Ves? lo estoy borrando...
(Belén le mira divertida)
El mío está sin batería, pero te juro que en mi cabeza ya lo estoy borrando. Belén, te lo juro. Este mal rollo se ha acabado para siempre... Yo...te quiero.

BELÉN
(Baja la cabeza, asiente con tristeza, sin dejar de sonreír) Sé que hablas en serio. Yo también te quiero. Estos días me he dado más cuenta que nunca. Pero no me has perdonado.

PABLO
Claro que sí, Belén, te lo juro. Te perdono. Te perdono. Perdóname tú. En paz, como tú dices... Belén... no te vayas.

BELÉN
(Cogiéndole la mano)
Sé que lo dices de corazón.
Me perdonas ahora, porque
estás asustado. Yo también
estoy muy asustada. Me
perdonas, pero no lo olvidas.
No lo olvidarás nunca.
Te conozco, Pablo. Eres
maravilloso, pero esto va a
estar ahí toda nuestra vida.
Para siempre. Y saldrá, antes
o después. Saldrá siempre.
He cometido la mayor de las
estupideces y esto va a estar
con nosotros de por vida.

PABLO
No. No, Belén. Eso ha
acabado.

BELÉN
Estos días han pasado cosas.
Nos hemos hecho mucho daño.
Yo hice algo terrible... pero
tú me has echado de casa, me
has dejado sin hogar, sin
vida. Me has apartado de ti...

PABLO
Perdóname, Belén.

BELÉN
Lo he pasado muy... sin saber
qué hacer para recuperarte...
(pausa) Pero ahora lo sé.

PABLO
¿Lo sabes? El qué, Belén.

BELÉN
Sé que no puedo hacer nada.

PABLO
No es verdad. Sí podemos.

BELÉN
Pablo,daría lo que fuera
por borrarlo... pero no puedo
hacer nada. Y yo no puedo
seguir así. Me he equivocado,
pero no puedo estar siempre
pidiendo perdón.

PABLO
No lo pidas, no hace falta.
Ya estás perdonada. No te
vayas.

BELÉN
(Niega con la cabeza)
Estos días han pasado muchas
cosas. Ya no somos los
mismos.

PABLO
No importa. No me importa...

BELÉN
Esto ha ocurrido. No lo
podemos cambiar. Ha ocurrido
y estará ahí siempre, cada
vez que me mires, cada

vez que... sé que quieres
perdonarme y olvidarlo, pero
no es posible. Estará ahí
para siempre.

PABLO
(Derrotado)
No te vayas.

BELÉN
Cuanto antes lo afrontemos,
mejor.

PABLO
¿Pero... dónde vas...?

BELÉN
He pedido el traslado a la
sucursal de Barcelona. Viviré
con mi prima, hasta que
encuentre algo...

PABLO
Por favor, Belén, no te
vayas...

BELÉN
Pablo, estoy tan asustada
como tú. Pero ahora sé que
esto es lo mejor para los
dos(tocándole la cara con
suavidad). Pablo, necesito
rehacer mi vida. Hasta un
criminal cumple su condena
y acaba siendo una persona
libre. Yo necesito partir

de cero. Borrar todo esto.
Necesito quererme, Pablo,
aunque no me lo merezca,
aunque sea una estúpida...

PABLO
No eres una estúpida, Belén.
Eres la mejor persona que
conozco. Eres la persona de
mi vida.

BELÉN
Tú también eres la persona
de mi vida, y me está
costando mucho hacer esto,
sobre todo si estás aquí.
Por eso me iba sin... Pero es
necesario, Pablo. Necesito
volver a quererme. Quererme y
perdonarme. Y eso solo puede
hacerlo en otro sitio, lejos
de aquí. Lejos de ti.

Pablo y Belén quedan mirando al
frente, de espaldas a la pantalla,
como en la escena inicial.

Por la derecha entra en pantalla a
media distancia un cura en bicicleta,
que recorre la imagen hasta perderse
por la izquierda de la pantalla.
Ahora sin caerse.

Belén y Pablo quedan así unos
segundos, mirando al frente, hasta
que ella se gira a su izquierda, y
levanta el asa de su maleta.

Comienza a SONAR "DontPanic", de Colplay, como al principio de la película.

Belén se levanta. Permanece así un breve instante, de pie, mirando al frente.

Vuelve a sentarse. Sigue mirando al frente.

Al cabo de unos segundos, Belén ladea la cabeza y la apoya sobre el hombro de Pablo.

Pablo, en seguida, inclina la cabeza sobre la de Belén.

Corte brusco a negro.

El título PARA SIEMPRE aparece en letra blanca sobre fondo negro.

Durante los créditos, sigue sonando "DontPanic". Si se acaba la canción, sigue sonando "Shiver" la siguiente del álbum "Parachutes".

PLANO FINAL OPCIONAL:

Belén, siempre de espaldas, levanta el asa de la maleta. Se levanta. Mira al frente.

Al cabo de unos segundos, baja la mirada y la deposita en Pablo.

Pablo, hundido, se percata. Levanta
la cabeza y mira a Belén. Es una
mirada de súplica.

Corte brusco a negro.

ESCENA INTERCALADA EN LOS CRÉDITOS

Mientras se suceden los créditos,
en algún momento a la izquierda de
la pantalla se abre esta escena sin
sonido:

EXT. CALLE - DÍA

La psicóloga Machi está parada a la
entrada de un parque. A su lado, un
niño de unos diez años.

Con cara de malas pulgas, impaciente,
mira su reloj.

El psicólogo Pepón Nieto, desde
el otro lado de la calle, cruza
corriendo y va a su encuentro, con
cara de sofoco.

Llega hasta ellos. Machi, muy seria,
señala su reloj y le reprocha algo,
no lo oímos pero seguro que nada
agradable. Pepón se disculpa. Estampa
un beso en la frente del niño,

lo coge de la mano y se aleja sin despedirse.

Los dos psicólogos se marchan por direcciones opuestas.